Dietrich Hinkeldey



# Methoden-führerschein

## Bausteine für systematisches Methoden-Lernen

**Band 2: Klassenstufen 9/10 und Oberstufe**

Auer Verlag GmbH

Gedruckt auf umweltbewusst gefertigtem, chlorfrei gebleichtem
und alterungsbeständigem Papier

1. Auflage 2003
Nach der Neuregelung der deutschen Rechtschreibung

Illustration: Martin Figlhuber

Satz: Fotosatz H. Buck, Kumhausen
Druck und Bindung: Ludwig Auer GmbH, Donauwörth
ISBN 3-403-0**3717**-7

# Inhaltsverzeichnis

# Einleitung

## *Methodenkompetenz wozu?*

Methoden zur Informationsgewinnung und -verarbeitung, Präsentationsmethoden, Kommunikationstechniken und Lernmethoden sind heute unverzichtbarer Bestandteil schulischer – aber auch außerschulischer – Ausbildung. Sie bilden die Voraussetzung und schaffen die **Grundlage für eigenständiges Lernen** und für jede Form von offenem Unterricht.

Allerdings hapert es mit der Umsetzung. In den Schulen wird vielerorts beklagt, dass die Jugendlichen kaum ein Referat vernünftig vortragen, nur mangelhaft einen Film analysieren oder ein Protokoll anfertigen können. Ganz zu schweigen von einer optisch und inhaltlich ansprechend gestalteten Präsentation einer Gruppenarbeit. **Man erkennt ziemlich genau, wo der Schuh drückt: Den Schülerinnen und Schülern fehlt es an Methodenkompetenz.** Doch diese muss in kleinen Schritten systematisch erworben und aufgebaut werden.

Viele Pädagogen greifen Formen von **projektartigem Unterricht**, von **Wochenplanarbeit** und **Freiarbeit** auf und erproben **selbstgesteuerte Unterrichtsformen**. Allerdings kann man dabei immer wieder Folgendes beobachten:

*Gute Schülerinnen und Schüler (ca. ein Drittel der Klasse)* profitieren enorm von den neuen Gestaltungsspielräumen, von dem Freiraum, der ihnen durch das selbstgesteuerte Lernen gegeben wird. Diese Schüler/innen entwickeln Eigeninitiative und brauchen nur wenig Anleitung, um sich eigenständig Informationen beschaffen oder Themen adäquat darstellen zu können. Sie bringen schon genügend Fähigkeiten mit und verfügen über geeignete Methoden und Techniken. (Häufig haben sie in ihrer häuslichen Umgebung genügend Unterstützung und Anregung).

*Ein weiteres Drittel* kann bei der Arbeit in Kleingruppen von den „guten" Mitschülerinnen und -schülern profitieren: Teilweise arbeitet man ihnen sogar zu, unterstützt so die Ideenträger, und zusammen mit ihnen wird etwas auf die Beine gestellt. Jene Schüler und Schülerinnen sind offen für Anregungen ihrer leistungsstärkeren Klassenkameraden/Klassenkameradinnen und können so von ihnen profitieren, um im weiteren Verlauf des Projekts selbst etwas in die Hände zu nehmen und damit ihre eigenen Kompetenzen zu erweitern.

*Bei den eher schwachen Schülern und Schülerinnen* zeigt sich allerdings, dass sie in den selbstgesteuerten Lernphasen den bequemsten Weg suchen und dieses Minimum an Anforderungen mehr schlecht als recht erledigen. Sie sind von der Freiheit des Lernens überfordert, weil sie nicht das nötige Handwerkszeug, nicht die notwendige Methodenkompetenz besitzen, um sich aktiv und gewinnbringend in der Gruppe einzusetzen.

Es ist also eine Illusion zu glauben, man brauche den Jugendlichen nur das Lernen selbst in die Hand zu geben, ein paar Themen und Anregungen dazu, und schon würde sich die Sache zu einem „Selbstläufer" entwickeln. **Die schwächeren Schülerinnen und Schüler werden keinen Lerngewinn daraus forttragen.** Sie werden, ganz im Gegenteil, im Vergleich zur Restgruppe noch leistungsschwächer, während ihre ohnehin leistungsstärkeren Mitschüler/innen sich weiter verbessern. Somit nimmt die Heterogenität der Lerngruppe weiter zu.

Um diesen Negativeffekt zu vermeiden und *allen* Schülerinnen und Schülern ein autonomes und authentisches Lernen zu ermöglichen, ist eine systematische Vermittlung der verschiedensten Lerntechniken und Arbeitsmethoden vonnöten. **Die Beherrschung von – nicht nur elementaren – Methoden und Techniken ist die Voraussetzung für selbstgesteuertes Lernen.**

## *Umsetzung – aber wie?*

Hier möchte das vorliegende Buch mit seiner umfangreichen **Sammlung von Bausteinen** eine Lücke schließen. Wie in der Vorbereitung auf eine Führerscheinprüfung geht es um theoretisches Wissen und dessen praktische Anwendung. Schritt für Schritt lernt man Techniken, Methoden und Konzepte kennen und kann diese gleich praktisch in einer Übung anwenden.

Im **ersten Band** sind ca. **70 Methodenbausteine** für **die Jahrgangsstufen 5 bis 8** zusammengestellt, der **vorliegende zweite Band** enthält **65 Bausteine für die Klassen 9/10 und die Oberstufe.**

Jeder Baustein ist so konzipiert, dass er zur vorgestellten Methode sowohl **Informationen** wie auch erste **Übungen zur Anwendung** beinhaltet. Somit sind die Bausteine, die als Kopiervorlagen vorliegen, **direkt im Unterricht einsetzbar.** Die jeweilige Methode wird eingeführt, anschließend direkt angewendet und bei Bedarf in weiteren Übungen vertieft, die sich problemlos auf den aktuellen Unterrichtszusammenhang beziehen lassen. Kontinuierlich über die Jahre gesammelt ergeben die Bausteine bei jedem/jeder Lernenden ein **umfangreiches Methodenkompendium**. Mit dem so entstandenen Nachschlagewerk lassen sich in Vergessenheit geratene Methoden eigenständig leicht wieder auffrischen und neue Methoden in einen sinnvollen Zusammenhang zu bereits erlernten bringen.

Jeder Baustein ist nach dem gleichen Schema konzipiert. Die beiden ersten Felder verdeutlichen die Eingliederung des Bausteins in den Gesamtzusammenhang; im zweiten Feld wird außerdem die neu zu lernende Methode benannt.

Ein **Logo** rechts oben deutet an, für welche Altersgruppe (Klasse 5/6; Klasse 7/8; Klasse 9/10; Oberstufe) der jeweilige Baustein gedacht ist. So sorgen diese vier verschiedenen Grafiken für eine schnelle Zuordnung.

Die Angabe einer Klassenstufe bezieht sich auf ein eigenständiges Anwenden der Methode und nicht auf ein erstes Kennenlernen. In der Gestaltung und Formulierung der Bausteine wurde die angesprochene Altersstufe berücksichtigt, wodurch ein Einsatz in höheren Klassen jedoch nicht behindert wird. Die Angabe der Klassenstufe ist somit als Empfehlung zu verstehen und nicht als Doktrin.

Die **Nummerierung** der Bausteine untergliedert und strukturiert die verschiedenen Lernbereiche. Sie wird in Band 2 fortgeführt, um eine zusammenhängende Sammlung zu gewährleisten. Dadurch wurde der Bereich 9 „Referat – Hausarbeit" im Band 1 noch nicht besetzt. Diese Bausteine sind für die Stufen 9/10 und die Oberstufe konzipiert.

Die Rubrik **Hinweise zum Einsatz** ist für die Lehrerhand gedacht. In die hier gemachten Empfehlungen fließen Erfahrungen aus dem Schulalltag ein, die die Umsetzung der Bausteine im Unterricht betreffen. Hier findet die Lehrkraft sowohl Querverweise auf das Fach/die Fächer, in dem/denen mit diesem Baustein begonnen werden kann, als auch inhaltliche Empfehlungen. Häufig wird auch auf andere Methoden verwiesen, die sich mit der neu vorgestellten kombinieren lassen. Vielen Methoden werden die Jugendlichen sicherlich schon im Unterricht begegnen, bevor sie diese selbst anwenden werden.

Danach folgt der Abschnitt **Information**. Hier wird knapp auf Besonderheiten der Methode eingegangen, wobei der Nutzen, den man aus dieser Methode ziehen kann, im Vordergrund steht. Daneben findet man Hinweise zum Einsatz und – falls nötig – auf Voraussetzungen, die man mitbringen sollte.

Den Schwerpunkt bildet dann der Abschnitt **Anleitung**. Ausführlich wird hier die Methode vorgestellt und oft an anschaulichen, schülernahen Beispielen angewendet. Der Leser/die Leserin wird Schritt für Schritt mit der Methode vertraut gemacht, begreift deren Nutzen und lernt Anwendungsbereiche kennen.

Der letzte Abschnitt **Übung** gibt Gelegenheit, die Methode an ähnlichen Beispielen und Aufgaben selbst zu erproben. Für die Lehrkraft ergeben sich Anregungen, wie die vorgestellte Methode in den aktuellen Unterrichtsstoff integriert werden kann.

## *Systematischer Aufbau von Methodenkompetenz*

Ziel des **Methodenführerscheins** ist ein systematischer Aufbau von Methodenkompetenz. Für den Einsatz der Bausteine im Unterricht bieten sich mehrere Wege an.

1) „Lücken stopfen"

Man erkennt als Lehrer/in ein aktuelles methodisches Defizit der Lerngruppe und versucht dieses „Loch" schnellstens zu „stopfen". Es muss also gezielt nachgeschult werden. Dazu setzt man bei nächstbester Gelegenheit den entsprechenden Baustein im Unterricht ein und lässt die (neu) erlernte Methode mehrmals anwenden. Diese Art des Vorgehens eignet sich nur für Gruppen, die nicht zu viele Defizite haben und deren Nachholbedarf nur punktuell ist. Die Arbeit des „Lückenstopfens" und die Verantwortung dafür übernimmt ein einzelner Kollege bzw. eine einzelne Kollegin. In anderen Fächern profitieren Schüler/innen und Lehrer/innen allenfalls zufällig von der investierten Arbeit.

2) „Intensiv-Woche"

Das Methodenlernen erfolgt **abgehoben vom sonstigen Unterrichtsgeschehen** in Form einer „Intensiv-Woche". Dabei wird der reguläre Unterricht ausgesetzt, und ein Lehrerteam vermittelt die einzelnen Methoden konzentriert. Sie werden kurz geübt und einmal angewendet.

Zu bedenken ist dabei der Zeitpunkt innerhalb eines Schuljahres, zu dem die Intensiv-Woche durchgeführt wird.

Wenn eine unterschiedliche Schülerschaft zusammenkommt und man eine **gemeinsame Methodenbasis** herstellen möchte, beispielsweise beim Eintritt in eine weiterführende Schule oder in die Oberstufe, legt das Lehrerkollegium eines Jahrgangs zu Schuljahresbeginn fest, welche Methoden im kommenden Schuljahr benötigt werden und plant die Intensiv-Woche.

Allerdings hat sich bei dieser Vorgehensweise mitunter die Tatsache als problematisch erwiesen, dass ein Bezug zum aktuellen Unterrichtsgeschehen häufig fehlt und die neu erlernten Methoden somit im „luftleeren Raum" stehen. Dagegen ist eine Intensiv-Woche als **Zusammenfassung** gegen Ende eines Schuljahres erfahrungsgemäß besonders nützlich, wenn die Schüler und Schülerinnen schon einige Erfahrungen mit den thematisierten Methoden gesammelt haben.

3) „koordiniert und integriert"

Die Lehrerinnen und Lehrer eines Jahrgangs entwickeln gemeinsam einen Plan, aus dem hervorgeht, wer welche Methode besonders gut im Unterricht umsetzen kann. Die Methoden oder deren Vorteile sollten sich möglichst für die Schüler/innen einleuchtend aus dem behandelten Stoff ergeben.

So kann die Methode im konkreten Unterrichtszusammenhang angewendet und damit verinnerlicht werden. Sie steht nicht mehr isoliert zum sonstigen Lerngeschehen. Idealerweise entsteht im Kollegium ein klassenbezogener Plan, der verdeutlicht, wer welche Methode etwa zu welcher Zeit im Unterricht behandelt. So können andere Fachlehrerinnen und Fachlehrer diese Methode anschließend selbst in ihren Unterricht einbeziehen, und die Schüler/innen erfahren eine Methode als fächerübergreifendes Instrumentarium, das sich in ganz unterschiedlichen Situationen gewinnbringend einsetzen lässt.

Mit dem oben erwähnten Plan lässt sich das Methodenlernen problemlos im folgenden Schuljahr systematisch fortsetzen.

# Übersicht Methodenbausteine

(die fett bzw. fett und kursiv gekennzeichneten Unterpunkte sind im vorliegenden Band erläutert, die übrigen in Band I)

*Lernmethoden*

| | | | | | |
|---|---|---|---|---|---|
| **1** | **Strukturieren** | | | | |
| 1.1 | Heftführung mit Rand | 5/6 | | | |
| 1.2 | Diagramm zum Text | 5/6 | | | |
| 1.3 | *Mindmapping* | | *7/8* | | |
| 1.4 | *Schema lesen* | | *7/8* | | |
| 1.5 | Regelheft anlegen | 5/6 | | | |
| 1.6 | Arbeitsplatz gestalten | 5/6 | | | |
| 1.7 | Systematisieren | 5/6 | | | |
| 1.8 | Symbolisieren | 5/6 | | | |
| 1.9 | *Zeitleiste* | | *7/8* | | |
| **1.10** | **Flussdiagramm** | | | **9/10** | |
| **1.11** | **Schematische Darstellung** | | | **9/10** | |
| **1.12** | **Clustering** | | | **9/10** | |
| **2** | **Gedächtnistraining** | | | | |
| 2.1 | Begriffsketten | | | | |
| 2.1.1 | Begriffe verketten | 5/6 | | | |
| 2.1.2 | Begriffsketten mit Hilfssätzen | 5/6 | | | |
| 2.1.3 | Begriffsketten mit Platzziffern | 5/6 | | | |
| 2.2 | *Visuelles Gedächtnis* | | *7/8* | | |
| 2.3 | Lerntypen | 5/6 | | | |
| 2.4 | Lernkartei | 5/6 | | | |
| 2.5 | Vokabeln lernen | | | | |
| 2.5.1 | Vokabel-Mindmaps | 5/6 | | | |
| 2.5.2 | Vokabelpäckchen | 5/6 | | | |
| 2.5.3 | Vokabel-Lernkasten | 5/6 | | | |
| **3** | **Rechtschreibung** | | | | |
| 3.1 | Fehlerkillerheft | 5/6 | | | |
| 3.2 | Bilder für Buchstaben | 5/6 | | | |
| 3.3 | Wörterbuch/Duden | 5/6 | | | |
| 3.4 | Worterklärungen | 5/6 | | | |
| 3.5 | *Worterklärungen in Englisch* | | *7/8* | | |
| **4** | **Zeitmanagement** | | | | |
| 4.1 | Hausaufgaben | | | | |
| 4.1.1 | Hausaufgaben strukturieren | 5/6 | | | |
| 4.1.2 | Pausen zur rechten Zeit | 5/6 | | | |
| 4.2 | Klassenarbeit | | | | |
| 4.2.1 | Vorbereitung auf eine Klassenarbeit | 5/6 | | | |
| 4.2.2 | Arbeitsweise während einer Klassenarbeit | 5/6 | | | |
| **4.3** | **Arbeitsplan Referat** | | | **9/10** | |
| **4.4** | ***Vortrag vorbereiten*** | | | | ***Oberstufe*** |

| | | | | | |
|---|---|---|---|---|---|
| **5** | **Lesetechnik** | | | | |
| 5.1 | Diagonales Lesen | 5/6 | | | |
| 5.2 | Lesetempo steigern | 5/6 | | | |
| 5.3 | 5-Sprossen-Lesetechnik | 5/6 | | | |
| 5.4 | Texte gliedern | 5/6 | | | |
| 5.5 | Texte markieren | 5/6 | | | |
| 5.6 | Mathe-Textaufgaben | 5/6 | | | |
| 5.7 | Wortverständnis | | | | |
| 5.7.1 | Begriffsklärung | 5/6 | | | |
| 5.7.2 | Benutzung eines Lexikons – Begriffe finden | 5/6 | | | |
| 5.7.3 | Benutzung eines Lexikons – Worterklärungen | 5/6 | | | |
| 5.7.4 | **Fremdwörterbuch** | | | **9/10** | |
| 5.7.5 | **Fundierte Begriffserklärungen** | | | **9/10** | |
| 5.8 | **Flussdiagramm zu Texten** | | | **9/10** | |
| **6** | **Informationsquellen** | | | | |
| 6.1 | Bibliotheken | | | | |
| 6.1.1 | Bibliothek nutzen | 5/6 | | | |
| 6.1.2 | *Bibliotheksarbeit* | | *7/8* | | |
| 6.2 | Experten befragen | 5/6 | | | |
| 6.3 | Textarbeit | | | | |
| 6.3.1 | **Sachtexte zusammenfassen** | | | **9/10** | |
| 6.3.2 | ***Textvergleich*** | | | | ***Oberstufe*** |
| 6.3.3 | ***Sachtexte rezensieren*** | | | | ***Oberstufe*** |
| 6.3.4 | ***Interessengeleitete Beurteilung*** | | | | ***Oberstufe*** |
| 6.3.5 | ***Quellenanalyse*** | | | | ***Oberstufe*** |
| 6.4 | ***Archive nutzen*** | | | | ***Oberstufe*** |
| 6.5 | Film – Video – Audio | | | | |
| 6.5.1 | **Inhalte mitschreiben** | | | **9/10** | |
| 6.5.2 | ***Filmprotokoll*** | | | | ***Oberstufe*** |
| 6.6 | **Internetsuche** | | | **9/10** | |
| **7** | **Recherchen und Umfragen** | | | | |
| 7.1 | *Recherche* | | *7/8* | | |
| 7.2 | Umfrage | | | | |
| 7.2.1 | *Umfrage planen* | | *7/8* | | |
| 7.2.2 | *Umfrage mit strukturierten Antwortmöglichkeiten* | | *7/8* | | |
| 7.2.3 | *Umfrage als Interview* | | *7/8* | | |
| 7.2.4 | **Repräsentative Umfragen** | | | **9/10** | |
| 7.2.5 | **Auswertung von Umfragen** | | | **9/10** | |
| 7.3 | **Reportage** | | | **9/10** | |
| 7.4 | ***Fallstudie*** | | | | ***Oberstufe*** |
| 7.5 | ***Szenariotechnik*** | | | | ***Oberstufe*** |
| 7.6 | ***Planspiel*** | | | | ***Oberstufe*** |

## 12 Vortrag

| | | | | | |
|---|---|---|---|---|---|
| 12.1 | Kurzvortrag | 5/6 | | | |
| 12.2 | Rhetorik | | | | |
| 12.2.1 | *Vokale* | | *7/8* | | |
| 12.2.2 | *Konsonanten* | | *7/8* | | |
| 12.2.3 | **Rhetorik – Atmung** | | | **9/10** | |
| 12.3 | **Mimik gezielt einsetzen** | | | **9/10** | |
| 12.4 | **Gestik gezielt einsetzen** | | | **9/10** | |
| 12.5 | **Sprachstil – Verständlichkeit** | | | **9/10** | |
| 12.6 | Redefiguren | | | | |
| 12.6.1 | ***Anschaulichkeit*** | | | | ***Oberstufe*** |
| 12.6.2 | ***Verstärkungen*** | | | | ***Oberstufe*** |
| 12.7 | ***Textanalyse*** | | | | ***Oberstufe*** |
| 12.8 | ***Vortragsmanuskript*** | | | | ***Oberstufe*** |
| 12.9 | **Gruppenvortrag** | | | **9/10** | |

*Interaktion*

## 13 Diskussion

| | | | | | |
|---|---|---|---|---|---|
| 13.1 | Gesprächsregeln für eine Diskussion | 5/6 | | | |
| 13.2 | *Gesprächsleitung* | | *7/8* | | |
| 13.3 | **Diskussionsleitung** | | | **9/10** | |
| 13.4 | **Streitgespräch** | | | **9/10** | |
| 13.5 | ***Fishbowl*** | | | | ***Oberstufe*** |
| 13.6 | ***Podiumsdiskussion*** | | | | ***Oberstufe*** |
| 13.7 | ***Thesenpapier*** | | | | ***Oberstufe*** |
| 13.8 | Argumentation | | | | |
| 13.8.1 | ***Richtig argumentieren (1)*** | | | | ***Oberstufe*** |
| 13.8.2 | ***Richtig argumentieren (2)*** | | | | ***Oberstufe*** |

## 14 Gruppenarbeit

| | | | | | |
|---|---|---|---|---|---|
| 14.1 | *Gesprächsregeln für die Gruppenarbeit* | | *7/8* | | |
| 14.2 | Brainstorming | 5/6 | | | |
| 14.3 | *Kartenabfrage* | | *7/8* | | |
| 14.4 | Lernen an Stationen | 5/6 | | | |
| 14.5 | ***Schreibgespräch*** | | | | ***Oberstufe*** |
| 14.6 | Längerfristige Gruppenarbeit | | | | |
| 14.6.1 | **Arbeitsweise in der Gruppe** | | | **9/10** | |
| 14.6.2 | **Organisationsplan** | | | **9/10** | |
| 14.7 | ***Themenzentrierte Interaktion*** | | | | ***Oberstufe*** |
| 14.8 | **Feedback-Methode** | | | **9/10** | |
| 14.9 | **Reflexionsmethoden** | | | **9/10** | |
| 14.10 | ***Moderationsmethode*** | | | | ***Oberstufe*** |

## Übersicht Methodenbausteine – Fächerzuordnung

Folgende Übersicht ist u.a. hilfreich bei Teamsitzungen des Lehrerkollegiums, in denen ein Plan zur Einführung der Methoden in den verschiedenen Fächern entwickelt wird.

Die Zuordnung der Bausteine zu den Jahrgangsstufen und Fächern ist praxiserprobt und hat sich als sinnvoll erwiesen.

### Stufe 9/10

| Bereich | Nummer | Baustein | Deutsch | Fremdsprache | Gemeinschaftskunde | Religion | Mathematik | Naturwissenschaft | Sport | Kunst | Musik | Projekt |
|---|---|---|---|---|---|---|---|---|---|---|---|---|
| Lernmethoden | 1.10 | Flussdiagramm | | | ... | | | ... | | | | |
| | 1.11 | Schematische Darstellung | | | ... | | | ... | | | | |
| | 1.12 | Clustering | ... | ... | ... | ... | | ... | | ... | ... | |
| | 4.3 | Arbeitsplan Referat | ... | ... | ... | ... | | ... | | ... | ... | |
| | | | | | | | | | | | | |
| Informationsgewinnung | 5.7.4 | Fremdwörterbücher | ... | | | | | | | | | |
| | 5.7.5 | Fundierte Begriffsklärung | ... | | ... | | | ... | | | | |
| | 5.8 | Flussdiagramm zu Texten | ... | | ... | ... | | ... | | | | |
| | 6.3.1 | Sachtexte zusammenfassen | | | ... | | | ... | | | | |
| | 6.5.1 | Film, Video, Audio – Inhalte mitschreiben | ... | | | | | | | | | |
| | 6.6 | Internetsuche | | | | | ... | | | | | ... |
| | 7.2.4 | Repräsentative Umfragen | | | ... | | | ... | | | | |
| | 7.2.5 | Auswertung von Umfragen | | | ... | | | ... | | | | |
| | 7.3 | Reportage | ... | | ... | | | | | | | |
| Informationsverarbeitung | 8.4 | Verlaufsprotokoll – Wortlautprotokoll | ... | | | | | | | | | |
| | 8.5 | Ergebnisprotokoll | ... | | | | | | | | | |
| | 8.6 | Gedächtnisprotokoll | ... | | | | | | | | | |
| | 8.7 | Wochen-, Monatsbericht | ... | | | | | | | | | ... |
| | 9.1 | Themenfindung | | | ... | | | ... | | | | |
| | 9.3 | Arbeitsmappe anlegen | | | ... | | | ... | | | | |
| | 9.5 | Referat halten | | | ... | | | ... | | | | |

| Bereich | Nummer | Baustein | Deutsch | Fremdsprache | Gemeinschaftskunde | Religion | Mathematik | Naturwissenschaft | Sport | Kunst | Musik | Projekt |
|---|---|---|---|---|---|---|---|---|---|---|---|---|
| Präsentation | 10.7 | Plakatgestaltung | | | | | | | | ... | | ... |
| | 10.9 | Broschüre herstellen | ... | | | | | | | ... | | ... |
| | 10.10 | Ausstellung konzipieren | | | | | | | | ... | | ... |
| | 10.11.1 | Gestaltungselemente | | | | | | | | ... | | ... |
| | 10.11.2 | Visualisierungsschemata | | | | | | | | ... | | ... |
| | 11.3 | Rollenspiel – Gestik | ... | | | | | | | | | ... |
| | 12.2.3 | Rhetorik – Atmung | ... | | | | | ... | | | | ... |
| | 12.3 | Mimik gezielt einsetzen | | | | | | | | ... | | ... |
| | 12.4 | Gestik gezielt einsetzen | | | | | | | | ... | | ... |
| | 12.5 | Sprachstil – Verständlichkeit | ... | | | | | | | | | |
| | 12.9 | Gruppenvortrag | | | ... | | | | | | | |

| | | | | | | | | | | | | |
|---|---|---|---|---|---|---|---|---|---|---|---|---|
| Interaktion | 13.3 | Diskussionsleitung | ... | | ... | ... | | | | | | |
| | 13.4 | Streitgespräch | ... | | ... | ... | | | | | | |
| | 14.6.1 | Arbeitsweise in der Gruppe | | | | | | | | | | ... |
| | 14.6.2 | Organisationsplan | | | | | | | | | | ... |
| | 14.8 | Feedback-Methode | ... | ... | ... | ... | ... | ... | ... | ... | ... | ... |
| | 14.9 | Reflexionsmethoden | ... | ... | ... | ... | ... | ... | ... | ... | ... | ... |

## Oberstufe

| Bereich | Nummer | Baustein | Deutsch | Fremdsprache | Gemeinschaftskunde | Geschichte | Religion | Mathematik | Naturwissenschaft | Sport | Kunst | Musik | Projekt |
|---|---|---|---|---|---|---|---|---|---|---|---|---|---|
| Lernmethoden | 4.4 | Vortrag vorbereiten | … | … | … | … | … | … | … | … | … | … | … |
| | | | | | | | | | | | | | |
| | | | | | | | | | | | | | |
| | | | | | | | | | | | | | |
| | | | | | | | | | | | | | |

| | | | | | | | | | | | | | |
|---|---|---|---|---|---|---|---|---|---|---|---|---|---|
| Informationsgewinnung | 6.3.2 | Textvergleich | | | … | … | … | | | | | | |
| | 6.3.3 | Sachtexte rezensieren | … | … | … | … | | | … | | … | … | |
| | 6.3.4 | Interessengeleitete Beurteilung | | | … | … | … | | | | | | |
| | 6.3.5 | Quellenanalyse | | | | … | | | | | | | |
| | 6.4 | Archive nutzen | | | … | … | | | | | | | |
| | 6.5.2 | Filmprotokoll | … | | | | | | | | … | | |
| | 7.4 | Fallstudie | | | | | | | | | | | … |
| | 7.5 | Szenariotechnik | | | … | | | | | | | | … |
| | 7.6 | Planspiel | | | … | | | | | | | | … |

| | | | | | | | | | | | | | |
|---|---|---|---|---|---|---|---|---|---|---|---|---|---|
| Informations-verarbeitung | 9.2 | Exposé erstellen | … | … | … | … | … | … | … | … | … | … | … |
| | 9.4 | Checkliste für Hausarbeit | … | … | … | … | … | … | … | … | … | … | … |
| | 9.6 | Planung einer Forschungs-arbeit | | | … | | | | … | | | | |

| Bereich | Nummer | Baustein | Deutsch | Fremdsprache | Gemeinschaftskunde | Geschichte | Religion | Mathematik | Naturwissenschaft | Sport | Kunst | Musik | Projekt |
|---|---|---|---|---|---|---|---|---|---|---|---|---|---|
| Präsentation | 10.8 | Foliengestaltung | | | ... | | | | | | | | ... |
| | 10.11.3 | Medienüberblick | ... | ... | ... | ... | ... | ... | ... | ... | ... | ... | ... |
| | 11.4 | Methode des Rollenspiels | | | | | | | | | | | ... |
| | 12.6.1 | Redefiguren – Anschaulichkeit | ... | | | | | | | | | | ... |
| | 12.6.2 | Redefiguren – Verstärkungen | ... | | | | | | | | | | ... |
| | 12.7 | Vortrag – Textanalyse | ... | | | | | | | | | | |
| | 12.8 | Vortragsmanuskript | ... | | | | | | | | | | |
| Interaktion | 13.5 | Fishbowl | ... | | ... | | ... | | | | | | |
| | 13.6 | Podiumsdiskussion | ... | | ... | | ... | | | | | | |
| | 13.7 | Thesenpapier | ... | | | | | | | | | | |
| | 13.8.1 | Richtig argumentieren (1) | ... | | ... | | | | | | | | |
| | 13.8.2 | Richtig argumentieren (2) | ... | | ... | | | | | | | | |
| | 14.5 | Schreibgespräch | | | | | | | | | | | ... |
| | 14.7 | Themenzentrierte Interaktion | | | ... | | ... | | | | | | |
| | 14.10 | Moderationsmethode | | | | | | | | | | | ... |

# LERNMETHODEN

## *Strukturieren – Flussdiagramm*

*Hinweise zum Einsatz:*
*Ab Jg. 9/10 mit Anleitung in naturwissenschaftlichen Fächern oder Gemeinschaftskunde einführen, später auf andere Fächer übertragen.*

**Baustein 1.10**

## Information:

Das Flussdiagramm ist ein schematischer Ablaufplan und stammt ursprünglich aus der Computerbranche. Für die Darstellung bedient man sich der folgenden Symbole:

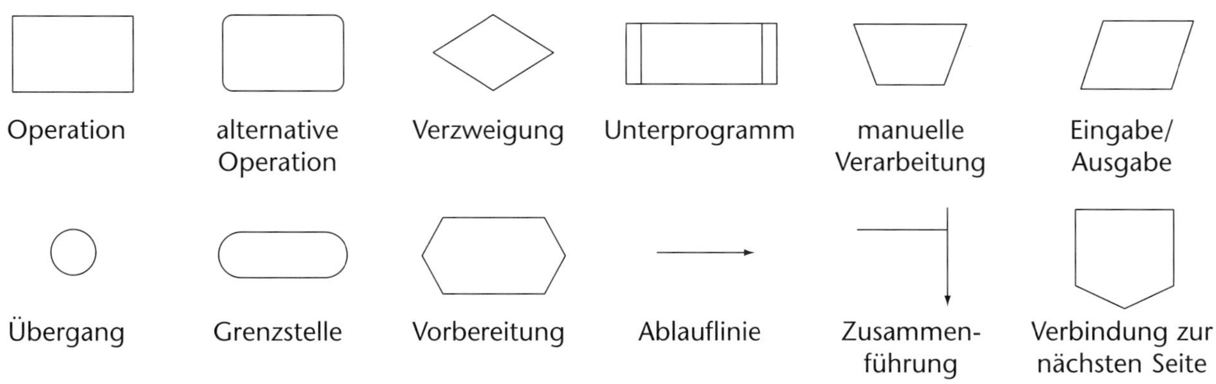


Dies sind die wichtigsten Symbole – in der Computerbranche gibt es noch weitere, spezialisierte Formen, die aber fast nur dort angewendet werden.

## Beispiel:

Das nebenstehende Flussdiagramm bedeutet etwa Folgendes:

Nach der Dateneingabe wird ein Anfangswert bestimmt. Damit startet das Programm und berechnet einen Näherungswert von der Zahl $\pi$. Anschließend wird geprüft, wie genau der Wert ist. Ist die Abweichung noch zu groß, beginnt die Berechnung erneut mit einem verbesserten Näherungswert. Dieser Kreislauf wird so lange fortgesetzt, bis der Wert für die Zahl $\pi$ genau genug ist. Dann wird der Wert ausgedruckt.

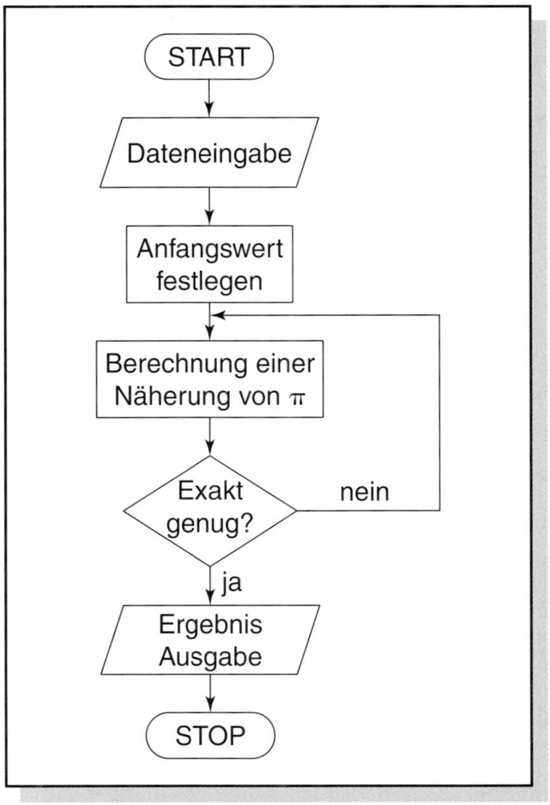

# Übung zu 1.10:

1) Erstelle selbst ein Flussdiagramm für den Ablauf der Wahl zum Bundespräsidenten.

2) Übersetze das folgende Flussdiagramm in Worte:

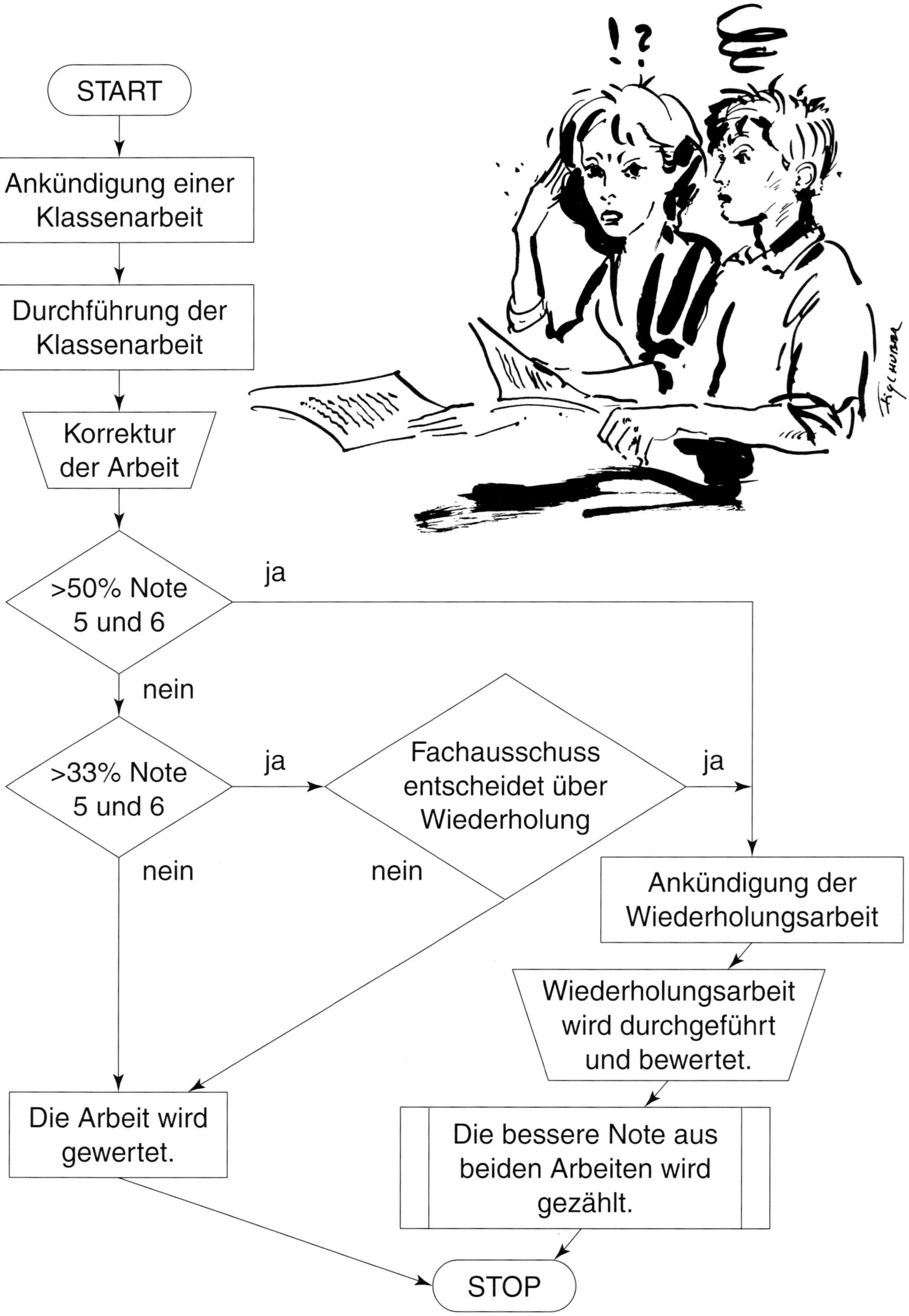

# LERNMETHODEN

## Strukturieren – Schematische Darstellung

*Hinweise zum Einsatz:*
*In den Fächern Biologie, Erdkunde und Sozialkunde lassen sich in der Jahrgangsstufe 9/10 viele Strukturen gut durch schematische Darstellungen wiedergeben, was dem Abstraktionsniveau der Schüler entspricht. Querverweis zu Baustein 1.4.*

Baustein 1.11

## Information:

Abläufe, Prozesse, Zusammenhänge, usw. kann man durch ein Schema optisch darstellen. Dazu verwendet man Kreise, Rechtecke, Ellipsen und andere geometrische Formen, die entsprechend dem Sachverhalt überlappend oder auch nebeneinander und mit Pfeilen verbunden angeordnet werden können. Sie werden dann mit den entsprechenden Begriffen gefüllt.

Die Anordnung kann hierbei folgenden Strukturen gehorchen:

a) **Zeitliche Struktur**
Dies bietet sich immer bei Prozessen, Abläufen und Veränderungen an, die man in unterschiedlichen Schritten benennen will. Auch Kreisprozesse gehören hierzu.

b) **Beziehungsstruktur**
Diese verwendet man in der Regel, wenn unterschiedliche Elemente zueinander in eine logische Beziehung zu setzen sind. Aus der Struktur kann hervorgehen, wer mit wem zu tun hat, wer mit wem kommuniziert oder wer wem untergeordnet ist.

c) **Teilmengenstruktur**
Überlappen sich verschiedene Bereiche, dann wird man immer diese Struktur verwenden und dadurch das Gemeinsame wie auch das Unterschiedliche deutlich herausstellen.

## Anleitung:

Der „Kreislauf des Misserfolgs" ist im folgenden Text beschrieben. Er soll schematisch dargestellt werden.

Ein Misserfolg schwächt das Selbstvertrauen eines Jugendlichen und wenn dieser junge Mensch an die nächste Klassenarbeit denkt, überfällt ihn schon die Panik. An Motivation und Konzentration bei der Vorbereitung ist dann gar nicht mehr zu denken. Ständig sitzt die Angst vor der nächsten schlechten Note im Nacken, Motivation zum Üben fehlt und die Vorbereitung wird miserabel. Wenn man dann auch noch falsche Arbeits- und Lernmethoden benutzt, verliert man den letzten Rest an Lust, tut gar nichts mehr und weiß, dass man sich schlecht vorbereitet hat. Während der Klassenarbeit plagen einen Angst, Kopfschmerzen, Bauchweh. Das Gehirn scheint blockiert. Die Folge ist ein erneuter Misserfolg.

Zunächst werden die einzelnen Stationen des Kreislaufs benannt:

Misserfolg – geschwächtes Selbstvertrauen – Panik vor der nächsten Arbeit – keine Motivation beim Üben – schlechte Vorbereitung – falsche Arbeits- und Lernmethoden – Angst während der Arbeit – erneuter Misserfolg.

Diese Begriffe werden nun im Kreis angeordnet:

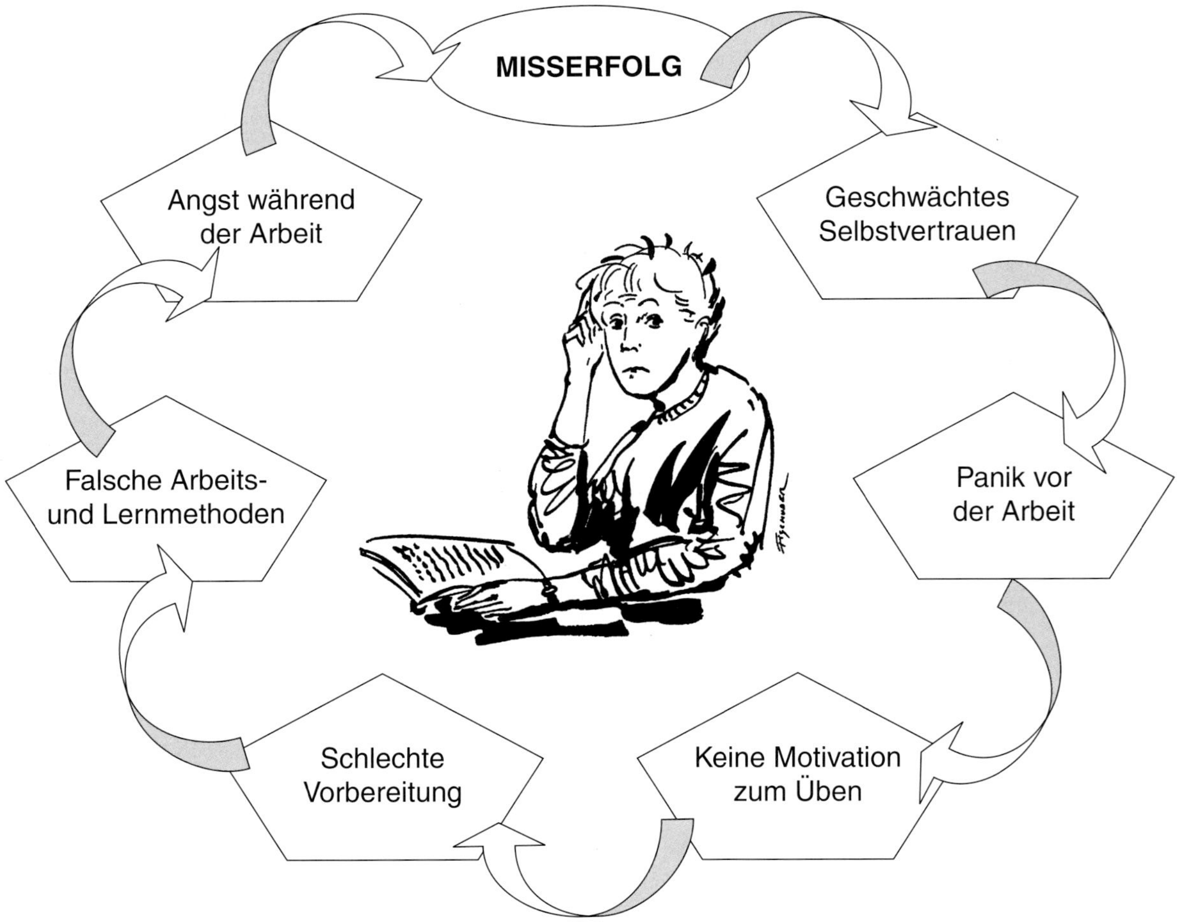


## Übungen zu 1.11:

1) Erstelle eine schematische Darstellung zum Thema „Wasserkreislauf", in dem die Begriffe: Bach, Fluss, Kondensation, Mündung, Ozean, Quelle, Sonne, Verdunstung, Versickerung und Wolke vorkommen.

2) Verdeutliche durch eine schematische Darstellung, wie die Herrschaft im römischen Reich organisiert war.

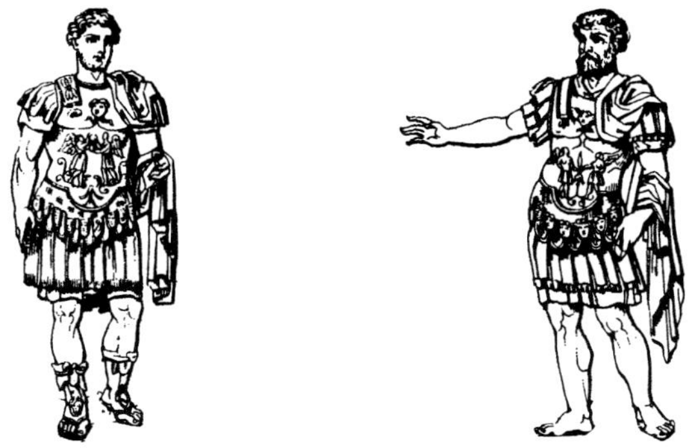

3) Mache durch eine schematische Darstellung deutlich, von welchen Faktoren das Klima in deiner Klasse abhängig ist. Die Größe der Elemente soll deren Wichtigkeit wiedergeben.

# LERNMETHODEN

## Strukturieren – Clustering

*Hinweise zum Einsatz:*
*Ab Jg. 9/10 werden vermehrt Referate und kleinere Hausarbeiten in den verschiedensten Bereichen gestellt. Mit dem Clustering findet man leicht seinen Zugang zum Thema.*

Baustein
1.12

## Information:

So wie das Brainstorming (s. Baustein 14.2) für Gruppen geeignet ist, stellt das Clustering eine Methode dar, mit der du selbst deinen eigenen Zugang zu einem Thema finden kannst. Clustering hilft dir also immer dann, wenn du vor einem weißen Papier sitzt und Probleme mit dem Anfang hast.

## Anleitung:

Clustering geht folgendermaßen:

1) Schreibe das Thema oder den zentralen Begriff in die Mitte des Blattes und kreise es ein. Damit hast du den **Kern des Clusters**.

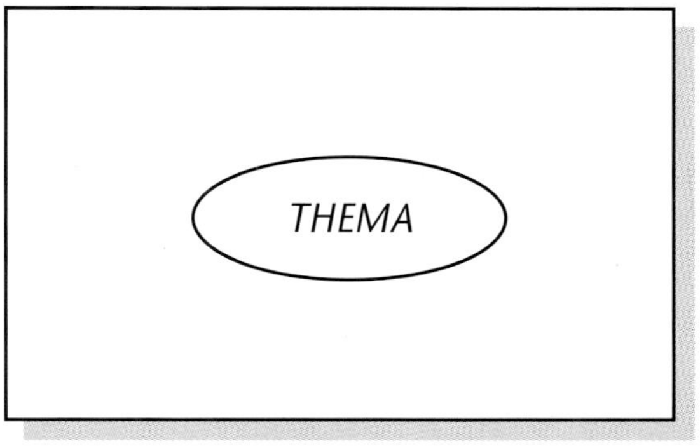


2) Nun **lasse deine Gedanken kommen**, wie sie dir eben gerade einfallen. Konzentriere dich nicht, versuche nicht irgendetwas Logisches, etwas Bestimmtes zu denken. Jeden Gedanken schreibst du mit einem Begriff in den neuen Kreis und verbindest diesen entweder mit dem Kern oder mit dem vorangegangenen Kreis. Wenn eine Gedankenkette am Ende ist, beginne eine neue. Erzwinge keine Weiterführung oder irgendeine logische Struktur.

3) Nach knapp 10 Minuten hast du ein **Gedankennetz vor dir**. Das ist kein logisches Bild, wie du es vielleicht vom Mindmapping kennst, und das ist auch gut so.

4) Fange nun an, einen ersten **Text** aus den notierten Begriffen zu **schreiben**. Schreibe das, was dir wichtig erscheint. Dabei wirst du sicherlich einige Begriffe weglassen, weil sie dir jetzt nicht mehr so bedeutend vorkommen. Wichtig ist hierbei: du darfst alles schreiben, lege dir keinerlei Zensur auf. Nach 10 Minuten hast du dann die für dich wichtigsten Gedanken zu dem Thema schon vor dir und hast damit deinen Einstieg ins Thema gefunden.

## Beispiel zu 1.12:

Hier siehst du ein Beispiel eines Clusters:

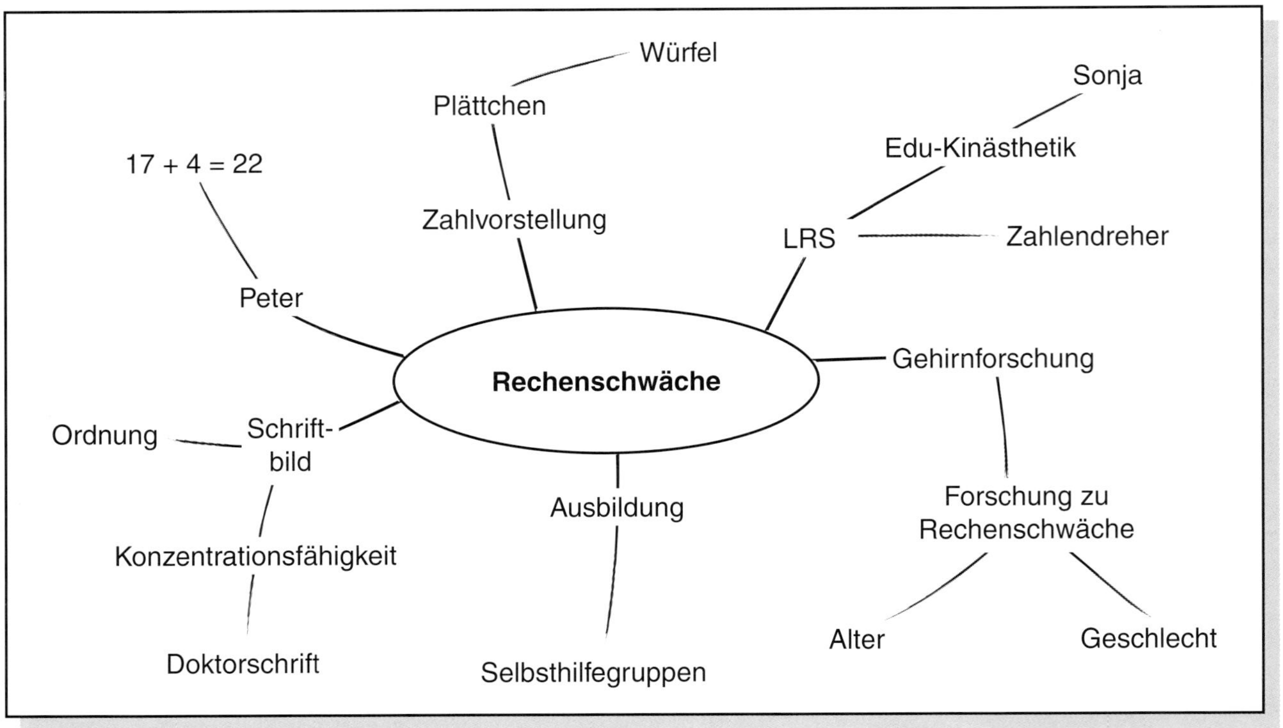


Ein Fließtext dazu könnte so anfangen:

> Rechenschwäche – Arithmastenie oder auch Dyskalkulie genannt – ist verbreiteter, als viele glauben wollen. Sie ist die Ursache von vielerlei Leistungsversagen und von Lernschwierigkeiten in der Schule. Dennoch wird sie kaum beachtet. Die Gehirnforschung der letzten Jahre zeigt uns, wie das Lernen beim Kleinkind erfolgt, wie dieses aus unzähligen Beispielen selbst Strukturen ableitet und die Erfahrungen in einer Vielzahl von „Landkarten" einsortiert. Hieraus erwachsen die Förderprogramme, von denen es einige auf dem Markt gibt. Wichtig ist jedoch diese Lernschwäche bereits im Grundschulalter zu erkennen. Für diese Diagnose werde ich gezielte Aufgaben entwickeln, an denen man sehen kann, ob eine Dyskalkulie vorliegt oder nicht.

## Übung zu 1.12:

Erstelle je ein Cluster zu den Clusterkernen:

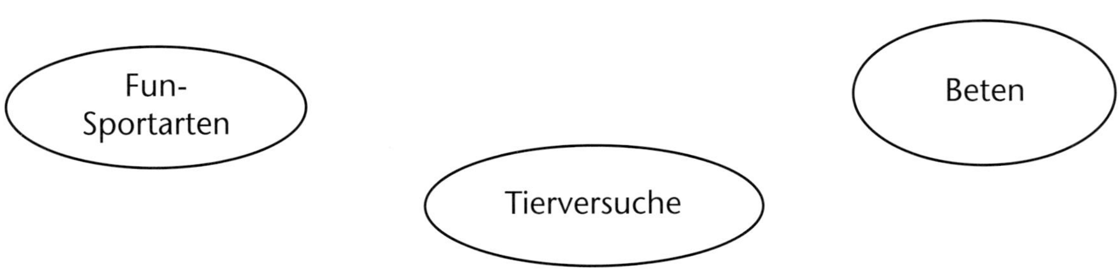


und lasse dir jeweils etwa 10 Minuten dafür Zeit. Schreibe anschließend dazu einen kurzen Fließtext.

# LERNMETHODEN

## Zeitmanagement – Arbeitsplan Referat

*Hinweise zum Einsatz:*
*Ab Jg. 9/10 werden Referate in vielen Fächern üblich. Mit diesem Arbeitsplan ist die umfangreiche Arbeit effektiv und zeitökonomisch zu bewältigen. Weitere Hinweise zur Erstellung von Referaten beinhalten die Bausteine der Kapitel 9 und 12.*

Baustein 4.3

## Information:

Für ein Referat gibt es immer eine Menge zu tun (Lesen, Inhalte zusammenfassen, Themenfindung, Gliedern, Argumentieren, ...). Um Arbeiten nicht doppelt machen zu müssen, ist es ratsam, sich an eine ökonomische Struktur zu halten, die die verschiedenen Schritte in eine optimale Abfolge bringt. Für jeden der vier Schritte solltest du etwa eine gute Woche veranschlagen.

**Schritt 1:**
Erste Standortbestimmung zum Rahmenthema; Fragen zum Thema aufstellen, intensive Lektüre der ausgewählten Texte – lesen, unterstreichen, exzerpieren, ... – danach erneute Standortbestimmung: Wo stehe ich in Bezug auf das Thema?

**Schritt 2:**
Entwicklung der genauen Themenstellung für die Arbeit/das Referat; präzise Fragestellung und evtl. erneute Lektüre spezieller Texte; Entwickeln einer Gliederung, Entwurf einer Einleitung.

**Schritt 3:**
Schreiben des Hauptteils, Beachtung der gewählten Argumentationslinie; Belege für die eigenen Aussagen, Zitate; Überarbeitung der Gliederung, Ausformulierung der Einleitung.

**Schritt 4:**
Inhaltliche, sprachliche und formale Überarbeitung des Konzeptes; Fertigstellen der Arbeit (Deckblatt, Gliederung, Fußnoten, Quellenverweise, Literaturliste); Lay-out; Übung des freien Vortrags; Erstellen eines Manuskripts (s. Baustein 12.8); Abgabe der Arbeit und/oder Halten des Referats.

## Beispiel:

Am Thema *„Telefonieren – unser Leben. Neue Medien verändern unseren Alltag"* sollen besonders die ersten beiden Schritte beispielhaft praktiziert werden.

**Schritt 1:**
Der Themenbereich soll zunächst erschlossen werden durch eigenes Vorwissen, durch Lektüre von vorgegebenen oder selbst gesuchten Beiträgen. Dadurch wird der eigene Standort deutlich.

*a) Telefonieren ist über den ganzen Globus verbreitet.*
*b) Der technische Standard ist recht unterschiedlich.*
*c) Die technische Entwicklung erfolgt immer rasanter.*
*d) Informationsaustausch wird immer wichtiger.*

Nach der Lektüre weiterer Artikel konkretisiert sich die eigene Beziehung zum Thema.

*a) Telefonieren 1950 und heute*
*b) Der Wahn von ständiger Erreichbarkeit*
*c) Handys, Mailboxen, SMS, Internet – ohne bist du „out".*
*d) Handys, Mailboxen, SMS, Internet – ohne geht kein Geschäft.*

**Schritt 2:**
Nun gilt es das Thema einzugrenzen, Fragen zu formulieren, die durch das Referat beantwortet werden sollen. Dann wird das genaue Thema formuliert.

*Handy und E-Mail beeinflussen private und berufliche Lebensbereiche.*
(Themenformulierung)

*Inwiefern nützen Handy und E-Mail und wo liegen die Nachteile und Gefahren?*
(Fragestellung)

Durch die Vorbereitung kann nun bereits die nebenstehende Gliederung aufgebaut werden.

*1. Einleitung*

*2. Funktionsweise und Gebrauch eines Handys*
*2.1 Funktionsprinzip eines Handys*
*2.2.1 privater Gebrauch*
*2.2.2 geschäftlicher Gebrauch*
*2.3 Missbrauch*

*3. Funktionsweise und Gebrauch von E-Mail*
*3.1 Funktionsprinzip von E-Mail*
*3.2.1 privater Gebrauch*
*3.2.2 geschäftlicher Gebrauch*
*3.3 Missbrauch*

*4. Gemeinsamkeiten und Unterschiede*
*4.1 in der Technik*
*4.2 in der Nutzung*
*4.3 der Nutzer*

*5. Fazit*

*6. Literaturverzeichnis*

Ein erster Entwurf für eine Einleitung, aus der die Fragestellung und die Absicht des Referats hervorgeht, könnte etwa so aussehen:

*Neue Kommunikationsmedien sind überall auf dem Vormarsch und verändern unser Leben. Überall klingeln Handys, müssen SMS-Nachrichten abgerufen werden. Ohne E-Mail-Adresse gehört man zum alten Eisen. Mein Anliegen in dieser Arbeit ist es, die Vor- und Nachteile von Handy und E-Mail in privaten und geschäftlichen Lebensbereichen aufzuzeigen und zu vergleichen. Damit möchte ich einen Beitrag zum sinnvolleren Gebrauch dieser neuen Medien leisten.*

**Schritt 3:**
Beim Schreiben des Hauptteils ist nun darauf zu achten, dass die selbst formulierten Argumente und logischen Beziehungen der Zielsetzung dienen, dass an geeigneten Stellen Zitate zur Untermauerung eingefügt werden und lebensnahe Beispiele allgemeine Aussagen verdeutlichen.

**Schritt 4:**
In der letzten Woche solltest du das Referat gründlich inhaltlich, sprachlich und formal überarbeiten. Da dies eine umfangreiche Tätigkeit ist, solltest du Zeitdruck unbedingt vermeiden.

## Übung zu 4.3:

Erstelle ein Referat zum Rahmenthema:

*Fußball – unser Leben – Fußball in anderen Ländern und Kulturen*

# LERNMETHODEN

## Zeitmanagement – Vortrag vorbereiten

*Hinweise zum Einsatz:*
*Zusammen mit den Bausteinen des Kapitels 12 sollte dieser Baustein in der Oberstufe eingesetzt werden, um zu ökonomischem Arbeiten anzuleiten. Weitere Querverweise zu Visualisierungen 10.11 und zum Halten von Referaten 9.3 bis 9.5.*

Baustein 4.4

## Information:

*In der Regel haben Sie einige Wochen Zeit, um sich auf einen Vortrag vorzubereiten. Diese Zeit sollten Sie nutzen und sich gut einteilen. Damit können Sie sich eine Menge Stress vom Hals halten und sind andererseits für den Vortrag optimal vorbereitet. In der Regel werden Sie in der Schule einen Sach- oder Fachvortrag halten, manchmal auch einen, in dem Sie Ihren ganz persönlichen Standpunkt, Ihre Meinung vertreten sollen. Für beide Fälle ist es ratsam, sich an das folgende Zeitschema zur Vorbereitung zu halten.*

## Anleitung:

### Holen Sie Informationen zum Thema ein und sammeln Sie Ideen

- *Was wissen Sie schon über das Thema?*
- *Welche Informationsquellen können Sie anzapfen?*
- *Wen können Sie um Hilfe bitten?*
- *Welche Bezüge hat das Thema zu anderen Fragestellungen?*

### Regelmäßige Atem- und Stimmübungen

- *Ihre Stimme sollte laut und klar klingen.*
- *Sie sollten durch die Übungen Unsicherheiten in Ihrer Stimme ausräumen können, das hilft auch Ihrer Selbstsicherheit.*
- *Benutzen Sie dazu die Bausteine 12.2.1, 12.2.2 und 12.2.3.*

### Vortragsziel formulieren

- *Was möchten Sie mit Ihrem Vortrag erreichen?*
- *Ist Ihr Ziel realistisch?*
- *Wie interessiert ist wohl Ihr Publikum an dem Ziel?*
- *Woran können Sie sehen, ob Sie Ihr Ziel erreicht haben werden?*

### Stecken Sie den zeitlichen Rahmen Ihres Vortrags ab

- *Wie viel Zeit haben Sie für den Vortrag?*
- *Müssen Sie sich dadurch inhaltlich einschränken? Ist dies möglich?*
- *Was für Vorwissen können Sie bei Ihren Zuhörern voraussetzen?*

### Stoffsammlung strukturieren

- *Sichten Sie Ihre Stoffsammlung unter Berücksichtigung der obigen Überlegungen.*
- *Was werden die Kernpunkte Ihres Vortrags?*
- *Wie wollen Sie den Vortrag aufbauen?*
- *Vergleichen Sie hierzu auch die Bausteine 9.3, 9.4 und 9.5.*

### Formulierung von Anfang und Schluss

- *Wie können Sie am Anfang das Interesse der Zuhörer wecken?*
- *Was gehört in den Schluss, sodass sich das Wesentliche des Vortrags in den Köpfen des Publikums verankert? Gibt es eine Alternative?*

### Redetext verständlich gestalten

- *Bedenken Sie, dass Sie in der Regel der Experte sind und die Zuhörer nicht so viel Vorwissen mitbringen.*
- *Seien Sie besonders sorgfältig bei der Verwendung von Fremd- und Fachwörtern.*

**10 Tage vorher**

## Auswahl der Redefiguren

- *Setzen Sie Redefiguren bewusst ein und benutzen Sie die Bausteine 12.6.1 und 12.6.2.*

## Visualisierungen

- *Entscheiden Sie sich für die passenden Visualisierungen (siehe Baustein 10.11).*
- *Welcher Einsatz ist zweckmäßig?*
- *Ist der technische Aufwand nicht zu groß?*
- *An welchen Stellen des Vortrags sollen die Visualisierungen eingesetzt werden?*
- *Soll den Zuhörern am Ende ein Handtext zur Verfügung gestellt werden?*

**1 Woche vorher**

## Probelesen

- *Können Sie den Vortragstext flüssig lesen?*
- *Gibt es beim Lesen Passagen, in denen Sie sich nicht ganz sicher sind?*
- *Was lässt sich noch verbessern?*

## Erstellung eines Manuskripts

- *Wie muss das Manuskript gestaltet sein, damit Sie den Vortrag frei halten können?*
- *Wie stark lässt sich das Manuskript reduzieren?*
- *Was ist unverzichtbar? Vergleichen Sie Methodenbaustein 12.8.*

**5 Tage vorher**

## Probevortrag mit Kassettengerät

- *Wie weit bewährt sich Ihr Manuskript?*
- *Wie klingt Ihre Stimme? Auf Band erscheint sie Ihnen immer anders, als wenn Sie sich selbst sprechen hören.*
- *Sind Sie zufrieden oder sind kleine Korrekturen nötig?*

**4 Tage vorher**

## Schaffenspause

viel Bewegung, Sport möglichst im Freien

**3 Tage vorher**

## Probevortrag mit Spiegel

- *Gefällt Ihnen die Art, wie Sie sich bewegen, agieren?*
- *Lässt sich an Mimik und Gestik etwas optimieren?*
- *Benutzen Sie die Bausteine 12.3 und 12.4.*

**2 Tage vorher**

## Schaffenspause

viel Bewegung, Sport möglichst im Freien

**1 Tag vorher**

## Vortrag rekapitulieren mit dem Manuskript

- *Haben Sie die Linie des Vortrags im Kopf?*
- *Möchten Sie bestimmte Passagen nochmals üben?*
- *Fühlen Sie sich sicher, auch ohne das Manuskript den Faden nicht zu verlieren?*
- *Sind Sie zufrieden mit Ihrer Arbeit?*
- *Notfalls allerletzte kosmetische Korrekturen.* **Jetzt sind Sie fit für den Tag X!**

# INFORMATIONSGEWINNUNG

## Lesetechnik – Fremdwörterbücher

*Hinweise zum Einsatz:*
*Ab Jg. 9/10 werden zunehmend Fach- und Fremdwörter benutzt. Im Fach Deutsch soll beispielhaft gezeigt werden, wie man sich die Bedeutung dieser Begriffe erschließen kann. Querverweis zu den Bausteinen 3.3 bis 3.5.*

Baustein 5.7.4

## Information:

Neben den Symbolen und Abkürzungen, die du sicher schon aus dem Gebrauch von Rechtschreibwörterbüchern kennst, gibt dir das Fremdwörterbuch weitere Informationen [in verschlüsselter Form] über einen Begriff, der oftmals nicht im „normalen" Wörterbuch steht. Neben grammatikalischen Besonderheiten mancher Wörter findest du hier Angaben über Herkunft, Bedeutung, Aussprache und über Eindeutschungen des gesuchten Begriffs. Wenn es auch Unterschiede zwischen den verschiedenen Fremdwörterbüchern gibt, so sind die folgenden Angaben des „Duden Fremdwörterbuches" verbreitet.

## Anleitung:

**1) grammatikalische Besonderheiten:**

***Attraktion*** *[lat.-fr.]* *w;* *-,* *-en:* 1) Anziehung ...
↓ ↓ ↓
a) b) c)

Nach der eckigen Klammer findest du a) das ***Geschlecht*** (*w:* weiblich – ***die*** Attraktion)
b) ***Genitiv Singular*** (-: keine zusätzliche Endung – der Attraktion)
c) ***Nominativ Plural*** (*-en*: die Attraktion***en***)
(d) wird das Wort nur im Plural gebraucht, dann findest zu zusätzlich noch: ***Mehrz.***).

**2) Herkunftsangaben:**

***Aperitif*** *[lat.-mlat.-frz.]*

Sie stehen in Kursivschrift in eckigen Klammern, ein Bindestrich deutet den Weg an, über den das Wort zu uns gekommen ist. (hier also: lateinisch – mittellateinisch – französisch) Steht eine Herkunftssprache in runden Klammern, kommt ihr eine gewisse Mittlerrolle für einzelne Bedeutungen des Wortes zu.

***Azotämie*** *[gr.-frz.; gr.-nlat]*

Ein Strichpunkt zwischen den Abkürzungen zeigt an, dass es sich bei dem Wort um eine künstliche Zusammensetzung aus Wortelementen der angegebenen Sprachen handelt, wobei diese selbst gewandert seien können.

***Architrav*** *[(gr.-lat.) it]*

Erfolgte die Zusammensetzung in einer anderen Sprache, dann erscheinen die Angaben der Wortteile in runden Klammern und dahinter wird die Sprache genannt, in der das Wort gebildet wurde. Beim o.g. Beispiel bedeutet die Erklärung also: erster Teil griechisch, zweiter Teil lateinisch, Wort wurde in der italienischen Sprache gebildet.

**3) Aussprache**

Sie wird bei allen Wörtern angegeben, bei denen die Aussprache Schwierigkeiten bereitet. Die verwendete Lautschrift ergänzt das lateinische Alphabet. Ein Punkt unter einem Vokal bezeichnet eine betonte Kürze, ein Strich betonte Länge.

**4) Zusätze und Verdeutschungen**

***Erikazee*** *[gr.-lat.-nlat.]w;-,...zeen (meist Mehrz.):* Familie der Heidekrautgewächse (Heidekraut, Alpenrose, Azalee).

Zusätze zu den Bedeutungen stehen in runden Klammern.

***Anaklasis*** *[gr. „Zurückbiegung"] w;-: ...*

Zum besseren Verständnis wird manchmal eine direkte Übersetzung des Wortes angegeben. Man findet diese hinter den Sprachbezeichnungen in der eckigen Klammer in Anführungszeichen.

## Übung zu 5.7.4:

1) Kläre die Bedeutung der verschiedenen Lautschriftsymbole und finde jeweils ein Beispiel dazu:

[ã] ______

[ç] ______

[x] ______

[ŋ] ______

[s] ______

[z] ______

[ʃ] ______

[θ] ______

[ð] ______

*hochgestellt:*

*e* ______

*i* ______

*r* ______

*u* ______

2) Kläre die Bedeutung der nachfolgenden Begriffe:

Graveur: ______

Leviratsehe: ______

Monitum: ______

Rivale: ______

Timbale: ______

# INFORMATIONSGEWINNUNG

## *Lesetechnik – fundierte Begriffsklärung*

*Hinweise zum Einsatz:*
*Ab Jg. 9/10 treten zunehmend Fachbegriffe in den verschiedensten Bereichen auf, die einer umfangreichen Begriffsklärung bedürfen. Sachkundefächer sind hier von besonderer Bedeutung.*

Baustein 5.7.5

## Information:

Alle Fachdisziplinen bedienen sich einer eigenen Sprache, d. h. sie verwenden Begriffe, die nur in einem ganz bestimmten Sinn gebraucht werden. Dies sind nicht nur Fremdwörter, sondern auch Ausdrücke, die du in der Alltagssprache wieder finden kannst. Als Element einer Fachsprache haben sie aber oft eine ganz genau festgelegte Bedeutung. Außerhalb der Naturwissenschaften kann es durchaus vorkommen, dass verschiedene Autoren ein und den gleichen Begriff mit leicht unterschiedlicher Bedeutung festlegen.
Damit du bei einer Begriffsklärung den Überblick behältst, solltest du dir für jeden Begriff eine vorstrukturierte Karteikarte nach dem folgenden Muster anlegen.

## Anleitung:

Verwende farbige Karteikarten DIN A6, für jede Fachrichtung eine eigene Farbe (Naturwissenschaften – Sprachwissenschaften – Sozialwissenschaften – Religionswissenschaften – Kunst/Musik – Psychologie – Sonstige).

Notiere dann auf der Karte:

**1) Worterklärung** – Wörtliche Übersetzung, die Herkunftssprache, die Etymologie des Wortes

**2) Wortdefinition** – Kurzform für das, was mit dem Begriff bezeichnet wird (Quellen dafür sind allgemeine Lexika und Fachlexika; immer mehrere benutzen).

**3) weitere Merkmale** – Ergänzung zur Kurzerklärung

**4) theoretische Einordnung** – Zu welcher Theorie, zu welchen Autoren gehört der Begriff?

**5) historische Einordnung** – Wann entstand der Begriff? Wie veränderte sich seine Bedeutung?

**6) Beziehungsgeflecht** – Notiere um diesen Begriff systematisch, welche anderen Worte dazu in Beziehung stehen.

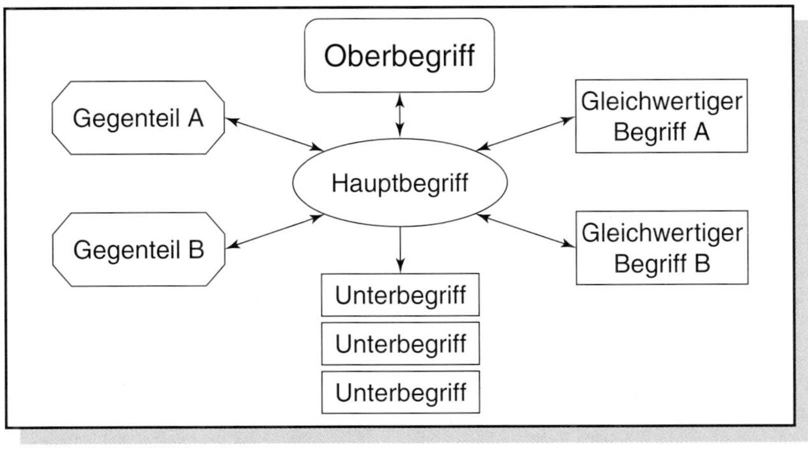

## Beispiel zu 5.7.4:

Atom:

1) ἄτομος (griechisch) unteilbar
2) kleine elektrisch neutrale Einheit eines chem. Elements, die für sich existieren kann
3) O. Hahn entdeckt 1938 die Atomspaltung (also teilbar), bestehend aus Atomkern (positiv) $10^{-14}$m ∅, und Elektronenhülle (negativ), $10^{-10}$m ∅
4) Quantentheorie der Physik
5) Verschiedenste Vorstellungen über die Jahrtausende: alte Griechen (Leukipp, Demokrit); 18./19. Jh. Dalton, Clausius, Maxwell, Boltzmann, Faraday; 20. Jh. Rutherford, Bohr, Heisenberg, Schrödinger

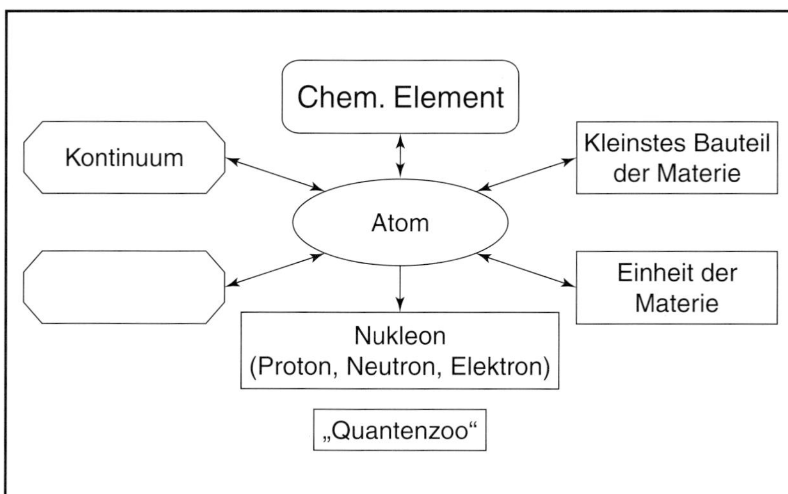


## Übung zu 5.7.4:

Kläre genauso ausführlich die folgenden Begriffe.

**Mehrwert**

**Plasma**

**klonen**

Geklontes Schaf „Dolly“

# INFORMATIONSGEWINNUNG

## *Lesetechnik – Flussdiagramm zu Texten*

*Hinweise zum Einsatz:*
*Mit dem Strukturbaustein 1.10 Flussdiagramm lassen sich auch Texte gliedern und damit besser verstehen. Ab Jg. 9/10 kann dies in den Sachkundefächern besonders nützlich werden.*

**Baustein 5.8**

## Information:

Werden in Texten Prozesse, Zyklen oder Abläufe beschrieben, dann kann man sich die Zusammenfassung in Form von schematischen Darstellungen bildlich gestalten (siehe Methodenbausteine Mindmapping 1.3 und Flussdiagramm 1.10). Mit den Strukturelementen eines Flussdiagramms werden die Darstellungen vereinheitlicht, da den Formen bestimmte Bedeutungen zu Grunde liegen. Übersetzt man einen Text in ein Flussdiagramm, dann wird dessen Struktur und sein Aufbau besonders deutlich.
Für ein Flussdiagramm stehen folgende Grundsymbole zur Verfügung:

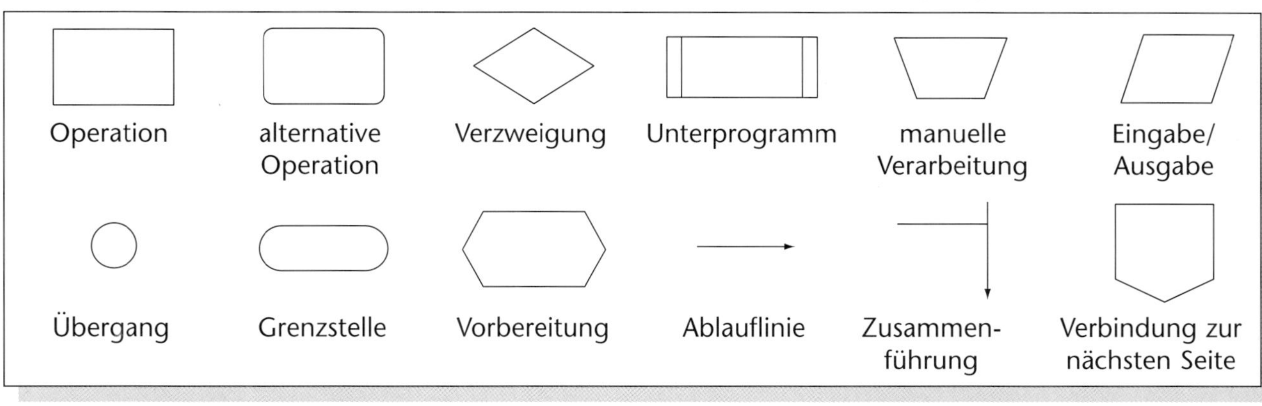


## Beispiel:

### Rezept *Hackfleischbällchen*

Ein Brötchen mit einer Tasse Wasser 10 Minuten einweichen. Eine Zwiebel schälen und sehr fein würfeln. Mit dem ausgedrückten und zerpflückten Brötchen, dem Beefsteakhack (500 g), den 2 Eiern, einem Teelöffel Senf und Salz, Pfeffer, Paprika sowie Curry in eine Schüssel geben. Zu einem Fleischteig kneten und mit nassen Händen walnussgroße Bällchen formen. 4 Esslöffel Öl in einer Pfanne erhitzen und die Bällchen darin rundherum scharf anbraten.

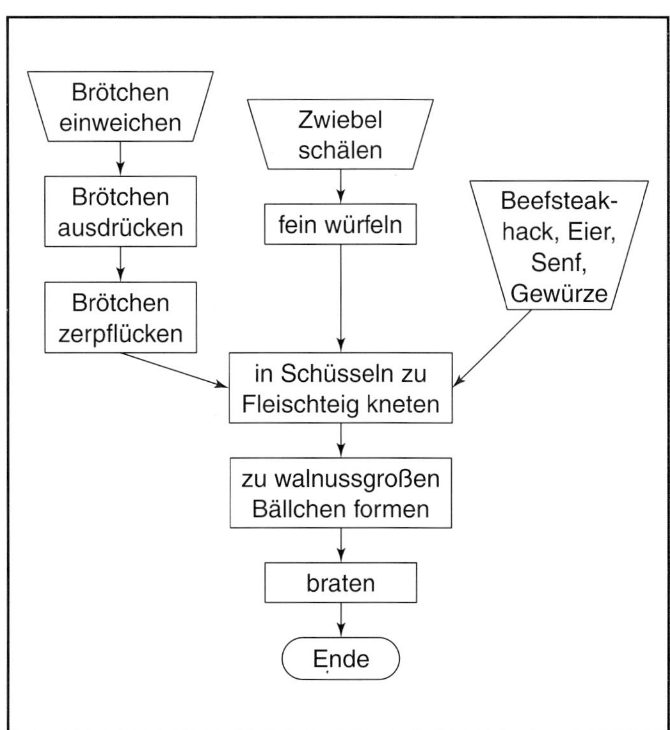

# Übung zu 5.8:

Fasse die beiden folgenden Texte mit Hilfe eines Flussdiagramms zusammen. (Auf S. 151 findest du notfalls kleine Hilfen).

**Text A: Kernfusion**

Bei der Kernfusion versucht der Mensch auf der Erde kontrolliert das nachzumachen, was das Sonnenfeuer in Gang hält, nämlich Atomkerne des Wasserstoffs miteinander zu Heliumkernen zu verschmelzen. Die besten Voraussetzungen für den Betrieb eines Fusionsreaktors bestehen bei der Verschmelzung von Deuterium und Tritium. Deuterium ist ein natürliches Isotop des Wasserstoffs. Normaler Wasserstoff enthält im Kern nur ein Proton. Beim Wasserstoffisotop Deuterium befindet sich im Kern neben dem Proton ein Neutron. Der Anteil des Deuteriums beträgt 0,015 % am gesamten Wasserstoff. (1 $m^3$ Meerwasser enthält 34 g Deuterium.) Das Wasserstoffisotop Tritium kommt in der Natur kaum vor. Beim Tritiumatom befinden sich im Kern neben dem einen Proton zwei Neutronen.

Die technische Realisierung des Kernverschmelzungsprozesses ist äußerst schwierig. Die positiv geladenen Atomkerne stoßen sich gegenseitig ab. Eine Verschmelzung der Kerne ist nur möglich, wenn die Abstoßungskräfte der Kerne überwunden werden. Dies ist bei der thermischen Bewegung bei Temperaturen über 100 Millionen Grad Celsius der Fall. Bei Temperaturen über 20 000 °C sind die Atome eines Gases in ihre Bestandteile – Kern und Hülle (Elektronen) – zerlegt. Ein Gas in diesem Zustand wird als **Plasma** bezeichnet. Ein solches Plasma ist elektrisch leitend. Diese Eigenschaft nützt man aus, um es in einer Art magnetischem Käfig einzusperren. Der Fusionsreaktor mit Deuterium und Tritium als Brennstoff müsste daher aus einer ringförmigen Brennkammer bestehen, die das heiße, magnetische Plasma enthält. Zur Erzeugung des benötigten starken Magnetfeldes bräuchte man supraleitende Magnetspulen. Dies und die hohen Temperaturen lassen die Realisierung der Kernfusion noch sehr fraglich erscheinen. Sollte es eines Tages gelingen, durch Kernfusion Energie auf der Erde zu gewinnen, so weiß man, dass keine allzu großen Sicherheitsprobleme auftreten würden, da die dabei entstehenden radioaktiven Stoffe eine relativ kurze Halbwertszeit haben. Ein „Durchgehen" des Fusionsreaktors ist nicht möglich, da zur Erreichung der hohen Temperatur viel Energie notwendig ist. Fällt diese Energiezufuhr aus, hört die Fusion sofort auf.

Quelle: Unterrichtssequenzen Ph/Ch/Bi, Auer-Verlag 1999, S. 178

**Text B: Wahl und Aufgaben des Bundespräsidenten**

Die Wahl des Bundespräsidenten erfolgt durch die Bundesversammlung. Sie ersetzt eine direkte Volkswahl und ist damit eine demokratische Legitimationsgrundlage. Der Bundespräsident wird für fünf Jahre mit der Mehrheit der Stimmen der Bundesversammlung gewählt. Der amtierende Bundestagspräsident beruft die Bundesversammlung ein. Diese tritt spätestens dreißig Tage vor Ablauf der Amtszeit eines Bundespräsidenten zusammen. Eine Hälfte besteht aus Abgeordneten des Bundestages, die andere Hälfte besteht aus Vertretern der Länderparlamente. Jedes Mitglied der Bundesversammlung darf Kandidaten für das Amt des Bundespräsidenten vorschlagen. Ein Bundespräsident kann einmal wiedergewählt werden.

Zu den Befugnissen des Bundespräsidenten gehören u. a.: das Vorschlagsrecht für die Wahl des Bundeskanzlers, dessen Ernennung und Entlassung sowie auf Vorschlag des Bundeskanzlers die Ernennung und Entlassung der Bundesminister. Desweiteren die Ernennung und Entlassung von Bundesbeamten und Offizieren; die Ausfertigung der Bundesgesetze und die völkerrechtliche Vertretung der Bundesrepublik Deutschland im Ausland.

# INFORMATIONSGEWINNUNG

## *Informationsquellen – Sachtexte zusammenfassen*

*Hinweise zum Einsatz:*
*Ab Jg. 9/10 in naturwissenschaftlichen oder gesellschaftswissenschaftlichen Fächern einführen, später auf andere Fächer übertragen. Querverweis zu Baustein 1.2, 5.4 und 5.5.*

Baustein 6.3.1

## Information:

Ob nun für eine größere Arbeit oder für die mündliche Vorbereitung auf ein Stoffgebiet, fast immer musst du Sachtexte lesen und deren Inhalt in knapper Form wiedergeben können. Dabei sollst du nicht den Text wörtlich hersagen, vielmehr ist die Formulierung in deinen eigenen Worten gefragt.
Hilfreich für eine Textzusammenfassung ist bereits ein sinnvolles Unterstreichen und ein Strukturieren am Rand mit Stichworten.

## Anleitung:

Eine Textzusammenfassung erfolgt in vier Schritten:

**1. Schritt: Überblick verschaffen.** Hierbei helfen dir

a) Textüberschriften und Untertitel.
b) Einleitung und Zwischenüberschriften.
c) jeweils erste Sätze von Abschnitten. Sie geben oft schon Auskunft über den folgenden Inhalt.
d) das Textende; es enthält oft eine Zusammenfassung. Also warum nicht einen Text von hinten her verstehen?

**2. Schritt: Fragen stellen,** die durch den Text beantwortet werden.

a) Um welches Problem geht es?
b) Welchen Hintergrund hat das Problem?
c) Was wird zur Lösung des Problems unternommen?
d) Wie ist das Problem zu bewerten?

**3. Schritt: inhaltlich und logisch gliedern**

Die inhaltliche Gliederung verschafft dir einen Überblick über den Aufbau des Textes, die logische Gliederung über den Gedankengang des Verfassers.

**4. Schritt: schriftliche Aufarbeitung**

Nun musst du nur noch anhand der Gliederung die Leitgedanken in eigenen Worten wiedergeben. Dies fällt dir jetzt leicht, da durch die aufgedeckte logische Struktur nun die evtl. vorhandenen logischen Brüche und Widersprüche aufgedeckt sind.

# Übung zu 6.3.1:

Fasse den folgenden Text zusammen und halte dich dabei an die vier Schritte.
(Auf S. 151 findest du notfalls kleine Hilfen).

## Wenn das Freizeit-Paradies zur Hölle wird

### Viele junge Leute wissen in den Ferien nichts mit sich anzufangen – Wissenschaftler sprechen von „Wohlstandsverwahrlosung".

**In New York fiel der Strom aus. Die Riesenstadt versank in Finsternis. Millionen von Amerikanern standen plötzlich vor der Frage: Was tun bei Kerzenlicht? Was tun, so ganz ohne Radio, Fernsehen, ohne die gewohnte Abendunterhaltung? Die meisten entschieden sich dafür, früh ins Bett zu gehen. Die anderen überlegten, wie das denn früher so war. Da hatten die Leute mehr Zeit füreinander. Da wurde mehr zusammen geredet und getan. Da wurde gespielt, gebastelt. Es soll sogar Familien gegeben haben, die abends zusammen gesungen und gelesen haben – unvorstellbar heute! Warum wir hier darüber nachgrübeln? Ganz einfach – irgendwann kommt die 35-Stunden-Woche auf uns zu. Und anderes. Sind wir eigentlich darauf vorbereitet, sinnvoll nichts zu tun? Tun wir uns nicht heute schon schwer mit unseren vielen Feiertagen, Ferien und Wochenenden? Langeweile ist aller Laster Anfang, sagt das Sprichwort. Und hat Recht. Was also tun?**

Forscher sagen Schlimmes voraus. Und sie wissen, wovon sie reden: Der Mensch der Zukunft wird ein Ungeheuer. Weil er zu viel Zeit, zu viel Langeweile, zu viel Geld, weil er überhaupt von allem zu viel hat. Zu viel überschüssige Kraft. Zu viel Energien, die nicht gebraucht werden. Und deshalb wird dieser Mensch immer aggressiver. Immer brutaler. Morde und Vergewaltigungen gehören zum Alltag. Genau wie die Zerstörungslust. Die Wissenschaftler reden von „Wohlstandsverwahrlosung".

Woher die Wissenschaftler das wissen? Wir liefern ihnen heute schon viel Anschauungsmaterial. Außerdem haben Verhaltensforscher mit Tieren ein bisschen Welt von morgen gespielt: die totale Wohlstandswelt. Alles war im Überfluss da, nichts musste verdient werden. Die Tiere benahmen sich wie erwartet: nach drei Wochen Paradies gingen sie aufeinander los, brachten sich um. Die Tier-Kinder bestanden darauf, an vollen Trögen gefüttert zu werden und Kinder zu bleiben. Alle zusammen sonderten ein völlig artfremdes Verhalten ab: Die von der Natur angelegten und nicht abgerufenen Energien kanalisierten sich in Aggressionen. Das Paradies wurde zur Hölle.
Genau dieses Schicksal ist uns vorausgesagt, wenn wir nicht rechtzeitig etwas gegen unsere eigene Bequemlichkeit und unser Wohlleben unternehmen.
Schulstress, Leistungsdruck, Leben im Akkord – Schlagworte unserer Tage. Und dann kommen die Ferien. Der Urlaubsstress. Die endlos vielen bezahlten Feiertage. Und mit ihnen die große Langeweile.
Weil Familien keine mehr sind. Omas weit weg wohnen. Mütter mit arbeiten gehen. Weil wir nichts mehr miteinander anzufangen wissen. Auch in den Ferien nicht. Dann wird kräftig auf die Pauke gehauen – auf Ibiza, auf Gran Canaria, auf Mallorca. Man fährt nur noch „auf". Dafür knappst man sich das ganze Jahr was ab. Denn „auf" gibt es so schöne deutsche Kneipen: „Futtern wie bei Muttern". Deutsche Brauereien haben sich inzwischen auch schon „auf" gesund gestoßen.
Urlaubsfotos sollen zu Hause beweisen, dass man mitgeschwommen ist im großen Freizeit-Boom: Mutter vor der Akropolis. Filius Sandburgen bauend am Strand. Papa in Shorts und Käppi auf dem Kutter. Bundesdeutsche Urlaubszeit. Und abends in die Kneipe. Oder in die Diskothek. Saufen ist nun mal international. Und man trifft so viele Landsleute.

Zwei bis drei Wochen kann man sich das alles leisten. Dann ist die Kasse leer. Und dann kommen die Wochen für die, die sich noch nicht drücken können vor der Freizeit. Die, die noch nicht alt genug sind oder schon zu alt. Die in überfüllten Schwimmbädern ausharren müssen, weil es nichts Besseres gibt. Die sich bei „MacDonalds" oder anderen Imbissstuben treffen müssen, weil es nichts Besseres gibt. Die auf Roller-Bahnen Rollschuh laufen, weil es nichts anderes gibt. Die abends vor der Flimmerkiste sitzen, weil sie für Disco und Kino noch nicht alt genug sind. Die tagsüber rumgammeln, weil sie zum Spielen schon zu groß sind. Die 12- bis 15-Jährigen.

Freizeit – vielleicht haben wir bald mehr davon, als uns lieb ist. „Mikros" ist auf uns angesetzt, auf unsere Arbeitzsplätze. „Mikros": Sie sind nur wenige Zentimeter groß und haben komplizierte Namen wie „hochintegrierte elektronische Schaltkreise" oder „Mikroprozessoren". Sie machen Maschinen, Computer, Automaten kleiner, zuverlässiger, billiger und energiesparender. Sie erleichtern dem Menschen die Arbeit. Sie haben nur einen ganz großen Nachteil: Sie befreien viele Menschen völlig von der Arbeit. Sie sind „Jobkiller".
Diese Winzlinge bescheren uns eine technische Revolution. Sie gelten längst als die Erfindung des Jahrhunderts. Zehntausende von Schaltungselementen auf einem Siliziumplättchen, das kleiner ist als ein Fingernagel, sorgen für eine Präzision, die kein Mensch leisten kann. Und das bekommt der Mensch auch zu spüren. Werkzeugmacher, Feinmechaniker, Dreher, Fräser, Maschinenarbeiter und Lehrlinge verlieren ihren Arbeitsplatz.

**Nachdenken über Vorvorgestern**

Früher war das anders. Da gab es kaum Freizeit, aber man wusste was damit anzufangen. Da war für die Kleinen Oma-Freizeit – Oma mit ihren Märchen, mit ihrer ganzen rundlichen Gemütlichkeit. Da war für die Erwachsenen am Tisch sitzen und reden Freizeit – mit Kerze oder Petroleumlampe. Für die Männer war es ein Schnaps, für die Frauen Handarbeit.
Früher war das anders. Da gab es keine Diskotheken, keine Disco-Rollers, keine Boutiquen und kein Kino. Da gab es ab und zu Feuerwehrfeste, Erntedankfeste und Kirmes. Und dann wurde getanzt, bis man Blasen an den Füßen hatte.

Früher war das anders. Da mussten Kinder schon mit zwölf Jahren arbeiten. Unter Tage, über Tage – egal. 80-Stunden-Wochen waren nicht außergewöhnlich. Überstunden wurden nicht bezahlt. Gewerkschaften gab es nicht. Jugendvertreter schon gar nicht. Geld gab es auch kaum. Nicht zum Leben und nicht zum Sterben.
Früher war das anders. Da gab es keine Bungalows, keine Penthouse-Wohnungen, keinen Urlaub auf Mallorca. Da gab es nicht sechs Wochen Sommerferien. Keinen Schulstress. Keinen Leistungsdruck. Früher kannte man das alles nicht – man wusste nur, dass man abends müde war.
Früher war das anders. Da gab es keine Schulbusse. Keine öffentlichen Verkehrsmittel. Keine Mofas. Früher ging man zu Fuß zur Schule. Stundenlang. Und wenn man wieder nach Hause kam, ging man aufs Feld. Oder in den Stall. Oder in die Scheune.
Früher war das anders. Da gab es kein Fernsehen und kein Radio. Keine HiFi-Türme und keine Kassetten-Rekorder. Kein Freizeitprogramm. Es gab nur die Familie. In der man noch was miteinander anfangen konnte.
Früher war das anders. Da gab es keine Schlüsselkinder. Da kam das Mittagessen noch nicht aus der Dose, die Mutter nicht abgehetzt vom Halbtags-Job. Da wurde noch eingemacht und selbst geerntet.
Früher war das anders. Da machte sich niemand Sorgen um Idealgewicht, Punkte-Diät oder FDH. Da wurde gegessen, was auf den Tisch kam.
Früher war das anders. Weil zwölf, vierzehn Stunden Arbeit pro Tag die Norm waren. Und Freizeit deshalb ein Traum.

*Unbekannter Verfasser*
Quelle: Unterrichtssequenzen Deutsch 9, Auer Verlag 1999, S. 209 f.

# INFORMATIONSGEWINNUNG

## *Informationsquellen – Textvergleich*

*Hinweise zum Einsatz:*
*In der Oberstufe wird zunehmend ein kritischer Umgang mit Textmaterial verlangt. Besonders in Geschichte gibt es interessante Texte, die zu vergleichen sind. Querverweis auf Baustein 6.3.4.*

Baustein
6.3.2

## Information:

Oft liegt als Informationsquelle nicht nur ein Text vor, sondern mehrere, die sich in ihrer Aussage unterscheiden. Wenn Sie zwei Texte sinnvoll nutzen wollen, genügt es nicht, deren Inhalt nacheinander wiederzugeben. Sie müssen auch beide Texte miteinander vergleichen. Dazu sollten Sie einen von beiden Texten unabhängigen Standpunkt einnehmen und von diesem neutralen Standpunkt aus die Unterschiede und Gemeinsamkeiten herausarbeiten.

## Anleitung:

Beim Textvergleich bieten sich die folgenden sechs Arbeitsschritte an:

**1. Schritt:**
**Lesen Sie** nacheinander die zu vergleichenden **Texte durch.**

**2. Schritt:**
Erstellen Sie eine **vorläufige Gliederung** zu jedem Text. Unter welchen Gesichtspunkten lassen sich die Texte vergleichen?
Berücksichtigen Sie dabei auch die sprachliche Seite.

**3. Schritt:**
Lesen Sie nun nochmals ganz aufmerksam beide Texte und notieren Sie am **Rand** und **mit Unterstreichungen**, welche Aussagen zu Ihren Gliederungspunkten passen.

**4. Schritt:**
**Überprüfen Sie** nun das angestrichene Material. Streichen Sie, fügen Sie hinzu oder verändern Sie ggf. einen Gliederungspunkt.

**5. Schritt:**
**Legen Sie die Gliederung endgültig fest.** Ordnen Sie das Vergleichsmaterial und bringen Sie es in eine logische Struktur.

**6. Schritt:**
**Erstellen Sie nun den Textvergleich.** Diesen können Sie folgendermaßen aufbauen:

Variante a) erst alle Gemeinsamkeiten nennen, dann die Unterschiede aufzeigen
Variante b) die Gesichtspunkte aufführen, unter denen sich die Texte vergleichen lassen und zu jedem Punkt auf die verschiedenen Texte eingehen.

# Übung zu 6.3.2:

Vergleichen Sie die beiden folgenden Ansprachen des Kaisers Wilhelm II.:
(Auf S. 151 finden Sie notfalls kleine Hilfen).

Text A **Audienz für die Bergleute am 14. Mai 1889:**

„Jeder Unterthan, wenn er einen Wunsch oder eine Bitte vorträgt, hat selbstverständlich das Ohr seines Kaisers. Das habe Ich dadurch gezeigt, daß Ich der Abordnung gestattet habe, hierher zu kommen und ihre Wünsche persönlich vorzutragen. Was die Forderungen anbetrifft, so werde Ich diese durch Meine Regierung genau prüfen und euch das Ergebnis der Untersuchung durch die dazu bestimmten Behörden zugehen lassen. Sollten aber Ausschreitungen gegen die öffentliche Ordnung und Ruhe vorkommen, sollte sich der Zusammenhang der Bewegung mit socialdemokratischen Kreisen herausstellen, so würde Ich nicht imstande sein, eure Wünsche mit Meinem Königlichen Wohlwollen zu erwägen. Denn für Mich ist jeder Socialdemokrat gleichbedeutend mit Reichs- und Vaterlandsfeind. Merke Ich daher, daß sich socialdemokratische Tendenzen in die Bewegung mischen und zu ungesetzlichem Widerstand anreizen, so würde Ich mit unnachsichtiger Strenge einschreiten und die volle Gewalt, die Mir zusteht – und sie ist eine große – zur Anwendung bringen. Fahrt nun nach Hause, überlegt, was Ich gesagt, und sucht auf eure Kameraden einzuwirken, daß dieselben zur Überlegung zurückkehren. Vor allem aber dürft ihr unter keinen Umständen solche von euren Kameraden, welche die Arbeit wieder aufnehmen wollen, daran hindern."

Kaiser Wilhelm II. (1888–1918)

Text B **Die Audienz für die Grubenbesitzer am 16. Mai 1889:**

„Meine Herren! Ich habe Ihnen die Audienz gestattet, weil es selbstverständliche Sache des Monarchen ist, daß, wenn Seine Unterthanen in Streitigkeiten untereinander der Verständigung bedürfen und sie sich dann vertrauensvoll an das Staatsoberhaupt wenden, dann beide Parteien gehört werden ... Was Ich den Arbeitern gesagt habe, das wissen die Herren; es hat gestern überall in den Blättern gestanden; Ich habe darin Meinen Standpunkt mit aller Schärfe gekennzeichnet. Die Arbeiter haben Mir übrigens einen guten Eindruck gemacht, sie haben sich der Fühlung mit der Socialdemokratie enthalten. Daß die Worte, die Ich zu ihnen gesprochen, in den Arbeitskreisen Westfalens Anklang gefunden haben, ist mir durch Telegramme bezeugt, und Ich habe Mich gefreut, daß Einmischungsversuche der Socialdemokratie von ihnen mit Energie abgewiesen worden sind. Die Verhandlungen, die Sie, Herr Hammacher als Vorsitzender des Vereins, wie Ich gern höre, mit der Arbeiterdeputation geführt haben, sind Mir durch das Ministerium des Inneren zugegangen, und Ich spreche Meine Anerkennung aus für das Entgegenkommen, das Sie den Arbeitern gezeigt haben, wodurch die Grundlage zu einer Verständigung gewonnen worden ist. Ich werde mich freuen, wenn auf dieser Basis sich Arbeitgeber und Arbeiter verständigen werden. Ich möchte Sie bitten, dafür Sorge zu tragen, daß den Arbeitern Gelegenheit gegeben werde, ihre Wünsche zu formulieren, und sich vor allen Dingen immer vor Augen zu halten, daß diejenigen Gesellschaften, welche einen großen Teil Meiner Unterthanen beschäftigen und bei sich arbeiten lassen, auch die Pflicht dem Staat und den beteiligten Gemeinden gegenüber haben, für das Wohl ihrer Arbeiter nach besten Kräften zu sorgen und vor allen Dingen dem vorzubeugen, daß die Bevölkerung einer ganzen Provinz wiederum in solche Schwierigkeiten verwickelt werde."

Quelle: H. Heumann, Geschichte für morgen; Frankfurt/M. 1981, S. 146

# INFORMATIONSGEWINNUNG

## Informationsquellen – Sachtexte rezensieren

*Hinweise zum Einsatz:*
*In der Oberstufe werden längere Sachtexte und Sachbücher vor allem in Leistungskursen gelesen. Mit einer Rezension kann man deren Inhalte für Mitschüler effektiv zusammenfassen.*

Baustein 6.3.3

## Information:

Durch eine Rezension (Artikel- oder Buchbesprechung) können Sie sich selbst Klarheit über Inhalt, Methode und Brauchbarkeit eines größeren Textes verschaffen. Wenn Sie später auf diesen Text zurückgreifen wollen, genügt Ihnen das Lesen Ihrer Rezension und Sie sind wieder über den Inhalt und die Qualität des Textmaterials im Bilde. Mit einer Rezension können Sie natürlich auch anderen Lesern ein Buch vorstellen und ihnen eine Entscheidungshilfe geben, ob sie das Buch lesen sollen, oder nicht.

## Anleitung:

Eine Rezension sollte die folgenden Punkte beinhalten:

**1) Analyse der äußeren Struktur**

Damit sind die Angaben über Verfasser, Titel, Erscheinungsort und Jahr, Informationen zum Autor, zum Umfang und zum Preis gemeint.

**2) Analyse der inneren Struktur**

Hier gehen Sie auf die Fragestellungen und Absichten des Autors/der Autorin, sein/ihr methodisches Vorgehen ein. Sie nennen die Hintergründe und Theorien, auf die er/sie sich stützt und benennen die wichtigsten Aussagen. Wie begründet er/sie die jeweiligen Standpunkte? (Hinweise hierzu finden Sie in Einleitung, Gliederung, Schlussteil und der Literaturliste. Auch am Ende von Kapiteln gibt es oft eine Zusammenfassung). Welche zentralen Begriffe benutzt er/sie?

**3) Eigene Beurteilung**

Beim analytischen Lesen ist Ihnen sicherlich deutlich geworden, was Sie selbst von dem Buch halten. Diese Gedanken sollten Sie nun ordnen:

- Wie klar und verständlich ist es geschrieben?
- Welche Fachsprache wird benutzt?
- Für welche Lesergruppe ist das Buch geeignet?
- Sind die Aussagen logisch begründet?
- Welche Tendenz hat das Buch?
- Wie schätzen Sie selbst Inhalt und Form des Buches ein?
- Wie beurteilen Sie die Brauchbarkeit des Buches?

# Übung zu 6.3.3:

1) Erstellen Sie eine Rezension eines Sachbuches, das Sie gerade für ein Unterrichtsfach lesen.
2) Analysieren Sie die nachfolgenden Rezensionen.

Marco Wehr,
Martin Weinmann
DIE HAND.
WERKZEUG DES GEISTES
Spektrum Akademischer Verlag
Heidelberg 1999
407 S., DM 49,80

## Was die Welt begreifbar macht

In den Augen spiegelt sich die Seele, sagt man, und in den Händen das, was der Mensch aus ihr macht.
Hände sind Werkzeuge des Geistes, meinen die beiden Herausgeber des gleichnamigen Buches, Marco Wehr, promovierter Physiker und Philosoph, und Martin Weinmann, Doktor der Medizin. Wehr und Weinmann sehen in den Händen jedoch keineswegs nur Erfüllungsgehilfen – erschließen sie doch auch jenen Teil der Welt, der den Augen und Ohren verborgen bleibt. Sie machen die Welt begreifbar. Wie das geschieht und was für Auswirkungen das auf unser Leben hat, beschreiben die 14 Autoren des Buches umfassend.
Die Themenwahl reicht dabei von den medizinischen Grundlagen über die kulturgeschichtliche Bedeutung bis zur philosophischen Betrachtung. Die „Händigkeit" wird ebenso gründlich besprochen wie die Bedeutung der Hand für die kulturelle Entwicklung des Menschen. Dabei sind die Kapitel so aufgebaut, dass sie auch einzeln gelesen werden können. Man kann also je nach Interesse in die verschiedenen Abschnitte einsteigen, ohne Verständnislücken befürchten zu müssen.
Aufgrund dieses Aufbaus wiegt ein Fehler des Buches nicht ganz so schwer: Die ersten Abschnitte beschreiben die neurologischen Grundlagen der Hand sehr detailliert – und leider auch schwer verständlich. Der medizinisch nicht vorgebildete Leser wird hier wohl weiterblättern. Schade, denn so werden diese Abschnitte nur jene lesen, die ohnehin Bescheid wissen.

*Robert Thielicke*

Quelle: Bild der Wissenschaft 2/2000

Richard Fortey
LEBEN – EINE BIOGRAPHIE
Die ersten vier Milliarden Jahre
C. H. Beck
München 1999
443 S., DM 58,–

## Unautorisierte Geschichte des Lebens

Leben entstand möglicherweise schon in der Frühzeit der Erde, als es noch keine „warmen kleinen Tümpel" gab, wo Wissenschaftler bis vor kurzem die Orte der Urzeugung wähnten. Die entscheidenden chemischen Kombinationen könnten bereits in der über 100 Grad Celsius heißen Erdkruste zusammengefunden haben – dort, wo es bis heute „das Leben der anderen Art" gibt, die hyperthermophilen Bakterien.
Richard Fortey beschreibt die Entwicklungsgeschichte des Lebens aus seiner Sicht als Paläontologe am Britischen Museum für Naturgeschichte. Mit Humor und Ironie, mit dem Menschlichen hinter der nüchternen Forschung garniert er seinen strammen Marsch durch das Werden der Organismen. Für Fortey zählen „die Knochen" und diese „lügen nicht". Dabei stellt er unumwunden fest: „Publicity ist oft ebenso wichtig wie Wahrheit." Diese Publicity sucht er mit schnoddrigem Stil, wenn er zum Beispiel verrät, dass ohne „ein gutes Bier kein Wissenschaftler irgendwelche gültigen Schlussfolgerungen und schon gar keine von bleibendem Wert ziehen kann". Um solche Schlussfolgerungen zu vermeiden, erzählt Fortey viel aus seinem Leben und davon, wie er in der Gluthitze von Oman Spuren einer uralten Eiszeit ausfindig machte oder in Inneraustralien und in den Einöden Nordkanadas nach Fossilien suchte.
Selten hat ein Buch über die Evolution mich so schmunzeln lassen. Leider ist manches auch zum Lachen – aber das sind meist Übersetzungsfehler, etwa wenn es bei den Säugetieren um „die Stellung des Grases im Haushalt der Dinge" geht oder festgestellt wird, dass Wiederkäuer den Nahrungsbrei ein weiteres Mal in Muße zerkauen „ein effizientes Verfahren der Umwandlung von Gras in Fleisch". Trotzdem: Das Buch ist gehaltvoll und amüsant!
Aber Überarbeitung und Richtigstellung tun not. In dieser Form entspricht es dem Untertitel im englischen Original: Unautorisiert!

*Prof. Dr. Josef H. Reichholf*

Quelle: Bild der Wissenschaft 2/2000

# INFORMATIONSGEWINNUNG

## *Informationsquellen – Interessengeleitete Beurteilung*

*Hinweise zum Einsatz:*
*In der Oberstufe, besonders in gesellschaftswissenschaftlichen Fächern, werden Texte behandelt, die nur aus dem Umfeld ihrer Entstehung beurteilt werden können.*

Baustein 6.3.4

## Information:

Artikel, Reden, Beiträge dienen als Informationsquelle, werden aber auch immer unter einem bestimmten Blickwinkel und einer persönlichen Interessenlage geschrieben. Wenn Sie nun solche Texte als Informationsquelle nutzen wollen, müssen Sie die im Text verborgenen Interessen aufspüren und zur Beurteilung des Inhaltes heranziehen.

## Anleitung:

Die interessengeleitete Beurteilung hat die folgende Struktur:

**1. Schritt: Einstieg**
Die formale Einordnung des Textes: Verfasser, Quelle, Datum, Textsorte usw.
Um welches Problem geht es?

**2. Schritt: Argumentationsprüfung**
Diese ist nur auf den Text bezogen und umfasst

- inhaltliche Kritik: orientiert an Problembeschreibung, Ursachen, Lösungen und Begründungen für Lösungen.
  Ist die Argumentation vollständig? Ist die Argumentation richtig?
- ggf. sprachliche und methodische Kritik: Wortwahl, Aufmachung, Art der Argumentation

**3. Schritt: Offenlegung der Interessen**
a) Klärung der gesellschaftlichen Interessen möglicher beteiligter oder betroffener Gruppen
b) sachlich fundierte Annahmen über Konsequenzen aus der vorgeschlagenen Lösung
c) Abschätzung des Nutzens bzw. Schadens für die betroffenen oder beteiligten Gruppen

**4. Schritt: Persönliches Fazit**
Persönliche Stellungnahme und Beurteilung, die mit der vorangegangenen Analyse in Übereinstimmung stehen muss

# Übung zu 6.3.4:

Den nachfolgenden Text hat die Hamburgische Electricitäts-Werke Aktiengesellschaft als Teil eines Informationsheftes für Schulen herausgegeben.
Führen Sie eine interessengeleitete Beurteilung dieses Textes durch.

Herausgeber und Copyright by
HAMBURGISCHE ELECTRICITÄTS-WERKE AKTIENGESELLSCHAFT
Schulberatung
Überseering 12
2000 Hamburg 60
Telefon: (040) 6363366



Wissenschaftliche Beratung: Dipl.-Phys. Winfried Koelzer, KfK
Dipl.-Ing. Jutta Bergmann
Dr.rer.nat. Jörg Ernst
Dipl.Phys. Dieter Sönksen
Redaktion Helmut Schulz
Grafische Darstellungen: Lothar Wilkens
Satz/Lithos: Hansisches Druck- und Verlagshaus GmbH
Druck: Gebr. Sülter, Hamburg
9. akt. Auflage 46. bis 66. Tsd./1982
Redaktionsschluss: Dezember 1981

## Strahlenabschirmung im Kernreaktor

Eine Gefährdung der Umwelt durch radioaktive Strahlung, die aus dem Spaltprozess selbst (prompte Strahlung), aus den aktivierten Anlageteilen oder den aktiven Spaltprodukten stammt, muss verhindert werden. Durch das Kühlmittel (Wasser) und die meterdicken Abschirmungen aus Stahl und Beton im Sicherheitsbehälter wird die Intensität dieser Strahlung um mehrere Zehnerpotenzen geschwächt. Die mittlere jährliche Äquivalentdosis bei Ganzkörperbestrahlung am Kraftwerkszaun beträgt ca. 0,01 mSv $a^{-1}$, im Vergleich dazu beträgt die natürliche Äquivalentdosis ca. 1,1 mSv $a^{-1}$.
Eine Strahlenbelastung der Umwelt könnte lediglich über eine unkontrollierte Abgabe radioaktiver Stoffe an die Atmosphäre oder an das Wasser erfolgen. Damit dies nicht geschieht, sind in jedem Kernkraftwerk mehrere Sicherheitsbarrieren eingerichtet worden, die durch eine schalenförmige Anordnung eine Mehrfachsicherung garantieren (s. Abb.).
Eine erste – „natürliche" – Barriere zur Verhinderung des Austritts radioaktiver Stoffe bildet der Kernbrennstoff selbst. In seinem Kristallgitter werden die festen Spaltprodukte fast vollständig zurückgehalten. Sie werden erst bei der Wiederaufarbeitung aus den abgebrannten Brennelementen entfernt.
Eine zweite Barriere stellen die gasdicht verschweißten Hüllrohre dar, in die der Kernbrennstoff ($UO_2$) in Tablettenform eingeführt wird. Sie bestehen aus Zircaloy, einer hochfesten Zirkon-Legierung und halten besonders die gasförmigen Spaltprodukte zurück.
Die dritte Sicherheitsbarriere ist der Reaktordruckbehälter mit den angeschlossenen Hauptleitungen. Er umschließt nicht nur Wasser und Dampf, sondern auch möglicherweise aus den Brennstäben austretende radioaktive Stoffe. Von den etwa 50 000 Stäben eines großen Reaktors können im Verlauf ihrer Einsatzzeit durchaus einige Stäbe schadhaft werden. Die dabei austretenden Spaltprodukte sind dann allerdings im Kühlmittelkreislauf vorhanden.
Die vierte und wohl wichtigste Barriere gegen den Austritt radioaktiver Stoffe bildet der doppelwandige Sicherheitsbehälter. Es handelt sich dabei um eine meist kugelförmige Stahlhülle, die den nuklearen Teil der Anlagen druckfest und gasdicht umschließt. Der Raum zwischen den beiden Wänden wird durch Absaugen ständig auf Unterdruck gehalten.
Die fünfte Barriere bildet die Betonkonstruktion des Reaktorgebäudes, die die gesamte Anlage vor äußeren Einwirkungen schützt.

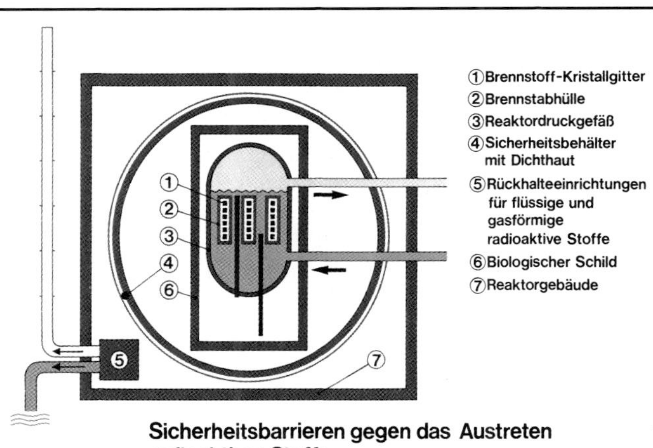


**Sicherheitsbarrieren gegen das Austreten radioaktiver Stoffe**

Aus: Hans-Heinrich Henk: Die zivilisatorisch bedingte Strahlenbelastung, S. 22

# INFORMATIONSGEWINNUNG

## Informationsquellen – Quellenanalyse

*Hinweise zum Einsatz:*
*In Geschichtskursen der Oberstufe eignen sich viele authentische Quellen zur Analyse.*

Baustein 6.3.5

## Information:

Eine besondere Form von Informationsquellen stellen historische Texte dar. Mit ihnen bekommen Sie Informationen aus erster Hand, sozusagen einen „Originalton". Solche Texte können Sie aber nicht mit unserer heutigen Weltsicht beurteilen. Hierzu müssen Sie die Entstehungszeit genauso wie das Umfeld, aus dem der Text stammt, berücksichtigen.

## Anleitung:

Die Beurteilung eines historischen Textes gliedert sich in Quellenkritik und Quelleninterpretation. Sie umfasst die folgenden Unterpunkte:

**1) Quellenkritik**

a) Quellenbeschreibung
- Art der Quelle, Bestimmung der Quellengruppe (z. B. archäologische Überreste)

b) Äußere Quellenkritik
- Feststellung der Entstehungszeit
- Feststellung des Entstehungsortes
- Feststellung von Verfasser und Adressaten
- Feststellung der Art und Echtheit der Überlieferung

c) Innere Quellenkritik/Sprachliche Aufschlüsselung
- Übersetzung
- Sprachlich-stilistische Merkmale
- Untersuchung des Wortgutes; Worterklärungen

**2) Quelleninterpretation**

a) Inhaltsangabe
- Inhaltliche Zusammenfassung, Beschreibung des Inhaltes einzelner Abschnitte; Gedankenreihenfolge
- Feststellung der wichtigen Aspekte des Textes
- Feststellung der beiläufigen Aspekte des Textes

b) Interpretation
- Welchen Wissensstand hatte der Autor?
- Wie berichtet der Autor? Bleibt er sachlich?
- Welche Absicht und Weltsicht hatte der Autor?
- In welcher Situation befand sich der Verfasser bei der Abfassung?
- In welchem Zusammenhang steht der Text zu anderen Texten?

c) Bedeutung der Quelle für die eigene Fragestellung
- Bestimmung des Erkenntnisgewinns unter Berücksichtigung der obigen Aspekte und des eigenen Standpunktes
- Auseinandersetzung mit den Thesen der Quelle

# Übung zu 6.3.5:

Analysieren Sie den folgenden Textausschnitt aus dem „Buch der Umdrehungen" von Kopernikus (Erstausgabe 1543: „De revolutionibus orbium coelestium")

NICOLAI CO-
PERNICI TORINENSIS
DE REVOLVTIONIBVS ORBI-
um cœlestium, Libri VI.

Deshalb scheuen wir uns nicht, offen auszusprechen: Dieser ganze Raum, den der Mond umzieht, sowie der Mittelpunkt der Erde wandert durch jene große Kreisbahn mitten zwischen den übrigen Wandelsternen hindurch in einem jährlichen Kreislauf um die Sonne, und gerade in ihrer Nähe befindet sich der Mittelpunkt der Welt; obwohl die Sonne in ihm unbeweglich bleibt, findet dabei alles, was man über die Bewegung der Sonne beobachtet, seine wahre Erklärung besser in der Beweglichkeit der Erde; aber die Ausdehnung der Welt ist so groß, dass jene Entfernung der Erde von der Sonne im Vergleich mit der Fixsternkugel nicht mehr in Erscheinung tritt, während sie im Vergleich mit beliebigen anderen Planetenbahnen eine Größe hat, die im Verhältnis zu jenen bedeutenden Weiten recht wohl ins Auge fällt. Das kann man nach meiner Meinung leichter zugeben als die Geisteskraft auf eine fast unendliche Menge von Kreisbahnen verschwenden; das mussten die tun, welche die Erde im Mittelpunkt der Welt festgehalten haben. Man muss sein Augenmerk mehr auf die Weisheit der Natur richten, die sich einerseits aufs strengste hütete, ein überflüssiges oder unnützes Ding zu schaffen, andererseits oft lieber ein einzelnes Ding mit vielen Kräften ausstattete.

Wenn dies alles auch schwierig und fast unglaublich sein mag, da es ja gegen die Meinung vieler ist, so werden wir es doch mit Gottes Hilfe im weiteren Verlauf der Untersuchung wenigstens für die, welche in der Mathematik wohl Bescheid wissen, sonnenklar machen. Zu diesem Zweck halten wir den ersten Grundsatz aufrecht, denn niemand wird einen treffenderen vorbringen, als dass die Länge der Zeit ein Maß für die Größe der Bahnen ist; daher ergibt sich die Reihenfolge der Sphären, wenn wir mit der obersten den Anfang machen, in folgender Weise:

Die erste und oberste von allen ist die Sphäre der Fixsterne, die sich selbst und alles andere umschließt und deshalb unbeweglich ist; denn sie ist sicherlich der Ort des Universums, an welchem die Bewegung und die Stellung aller übrigen Gestirne gemessen werden kann. Denn wenn einige die Meinung vertreten, dass auch sie sich auf irgendeine Weise ändere, so werden wir einen anderen Grund, warum das so scheint, bei der Ableitung der Erdbewegung bestimmen. Es folgt der erste der Wandelsterne, Saturn, der seinen Umlauf im 30. Jahr vollendet; nach diesem Jupiter, der sich mit einer zwölfjährigen Umlaufzeit bewegt; dann Mars, der in zwei Jahren herumgeht. Den vierten Platz in der Reihe nimmt die jährliche Umlaufzeit ein; in ihm ist, wie wir gesagt haben, die Erde mit der Mondbahn wie mit einer Art Epizykel enthalten. An der fünften Stelle kommt Venus mit einer Umlaufzeit von neun Monaten. Den sechsten Platz nimmt schließlich Merkur ein, welcher in der Zeit von achtzig Tagen umläuft. In der Mitte von allen aber hat die Sonne ihren Sitz. Wer könnte nämlich in diesem herrlichsten Tempel diese als Leuchte an einen anderen oder gar besseren Ort stellen als an denjenigen, von dem aus sie das Ganze zugleich beleuchten kann? Nennen doch einige sie ganz passend das Licht der Welt, andere ihr Herz, wieder andere ihren Lenker.

Fortsetzung des Textes von Kopernikus

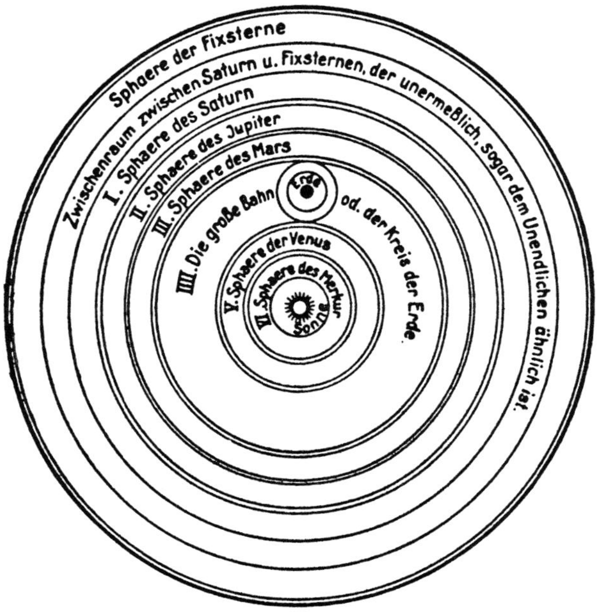


Trimegistus nennt sie den sichtbaren, die Elektra des Sophokles den alles sehenden Gott. So lenkt die Sonne, gleichsam auf königlichem Throne sitzend, in der Tat die um sie kreisende Familie der Sterne. Auch wird die Erde keineswegs der Dienste des Mondes beraubt, sondern der Mond hat, wie Aristoteles in der Abhandlung über die Lebewesen sagt, mit der Erde die nächste Verwandtschaft. Indessen empfängt die Erde von der Sonne und wird mit jährlicher Frucht gesegnet. Wir finden daher unter dieser Anordnung die wunderbare Symmetrie der Welt und den festen harmonischen Zusammenhang zwischen Bewegung und Größe der Bahnen, wie er auf keine andere Weise gefunden werden kann. Denn wer nicht oberflächlich beobachtet, kann hier inne werden, warum bei Jupiter die Vor- und Rückläufigkeit größer erscheint als bei Saturn und kleiner als bei Mars, und wieder bei Venus größer als bei Merkur, und warum solche Hin- und Herbewegung bei Saturn häufiger erscheint als bei Jupiter; ferner bei Mars und Venus seltener als bei Merkur; dass außerdem Saturn, Jupiter und Mars bei ihrem Akronychium der Erde näher sind als um die Zeit ihres Verschwindens und Erscheinens. Wenn aber Mars die ganze Nacht am Himmel steht, ist er an Größe scheinbar am meisten dem Jupiter gleich und nur durch seine rötliche Farbe unterschieden, dort aber wird er kaum unter den Sternen zweiter Größe gefunden und nur von denen erkannt, welche ihn in emsiger Beobachtung nicht aus dem Auge lassen. All das geht aus ein- und demselben Grund hervor, welcher in der Bewegung der Erde besteht. Dass aber von all diesem an den Fixsternen nichts sichtbar ist, beweist deren ungeheure Höhe, welche sogar die Bahn der Jahresbewegung oder ihr Abbild vor unseren Augen zu nichts werden lässt, weil jedes sichtbare Ding eine gewisse Entfernung besitzt, jenseits welcher es nicht mehr gesehen wird, wie man in der Optik beweist. Dass nämlich vom höchsten Wandelstern Saturn bis zur Sphäre der Fixsterne noch ein recht großer Raum vorhanden ist, beweist das flimmernde Licht jener Fixsterne. Durch dieses Kennzeichen werden sie am besten von den Planeten unterschieden, weil ja zwischen Bewegtem und Unbewegtem der größte Unterschied bestehen musste. Wahrlich so groß ist dieses göttliche Werk des besten und höchsten Gottes."

# INFORMATIONSGEWINNUNG

## *Informationsquellen – Archive nutzen*

*Hinweise zum Einsatz:*
*In Geschichts- und Gemeinschaftskundekursen der Oberstufe wird mit authentischem Material gearbeitet. Hierbei kann man den sinnvollen Umgang mit Archiven lernen.*

Baustein 6.4

## Information:

Archive hatten ursprünglich die Aufgabe, Behörden- und Verwaltungsschriftgut zu verwahren. Heute findet man in ihnen vielerlei Schrift-, Ton- und Bilddokumente. Archive sorgen aber auch für eine systematische Erschließung und Benutzbarkeit des gelagerten Materials.
Wenn Sie ein Archiv benutzen wollen, müssen Sie natürlich genau wissen, was Sie suchen und welches Archiv für Ihre Suche in Frage kommt. Es gibt:

**1. Staatsarchive**

Es verwaltet Schriftgut von Staatsregierungen und deren Behörden. Jedes Bundesland hat ein solches Staatsarchiv. Das Bundesarchiv in Koblenz lagert zahllose Dokumente der NS-Zeit.

**2. Kommunalarchive und Stadtarchive**

Sie beherbergen Unterlagen aus der Stadt, der Gemeinde. Dort findet man auch die lokalen Zeitungen archiviert. Diese Archive sind oft leicht zugänglich.

**3. Familienarchive**

Familienarchive gibt es von einzelnen einflussreichen Familien und beim Adel. Die Zugangsmöglichkeiten sind sehr verschieden.

**4. Kirchliche Archive**

Die Archive eines Bistums oder einer Landeskirche sind i. d. Regel gut zugänglich, Pfarreiarchive sind durch die gelagerten Kirchenbücher mit vielen Familiennamen und Daten einzelner Personen oft von großem Interesse.

**5. Wirtschaftsarchive**

Sie werden von Betrieben angelegt und sind aus Imagegründen oft nur schwer zugänglich.

**6. Archive von Parlamenten, Parteien und Verbänden**

**7. Archive der Medien**

Presse, Rundfunk, Fernsehen haben Archive angelegt, die oft nur für den Eigengebrauch bestimmt sind.

## Anleitung zu 6.4:

Hier sind einige Tipps, die Ihnen das Arbeiten in einem Archiv erleichtern werden:

➡ Je größer ein Archiv ist, desto schwieriger ist i. Allg. der Zugang. **Informieren Sie sich also vorher** über: Öffnungszeiten, Benutzungsbedingungen (Antrag; Kopiermöglichkeiten; Vorbesprechungen; ...)

➡ In Archiven gibt es **„Findebücher"**. Sie erleichtern Ihnen das Suchen. Wenn Sie zu einem Zeitabschnitt oder Thema etwas suchen, können Sie in diesen Werken nachschlagen. Diese Bücher sind in der Regel nach der Herkunft des Materials gegliedert.

➡ Haben Sie etwas gefunden, bestellen Sie **unter Angabe der Signatur** am besten gleich **mehrere Akten**, da einzelne ggf. gar nicht ergiebig sind. Somit ersparen Sie sich die ganze Prozedur ein weiteres Mal.

➡ **Kopien** sind wegen der Gefahr von Beschädigungen oft nicht möglich, das Papier ist oft schon sehr lichtempfindlich. Dann müssen Sie sich ein Exzerpt (eine Zusammenfassung mit eigenen Worten) anfertigen oder auszugsweise **Texte abschreiben.**

➡ Zeitungen haben ihr Material oft über **Mikrofilm** archiviert. Entsprechende Lesegeräte erleichtern die Arbeit. Denken Sie gleich daran, sich Arbeitsplätze zu reservieren.

➡ Aufgrund von **Daten- und Personenschutz** unterliegt das Archivmaterial einer Sperrfrist von 30 Jahren. Reine Personalakten dürfen oft erst 30 Jahre nach dem Tod eingesehen werden.

➡ Unter dem Archivmaterial finden Sie:

**Akten:** Das sind zusammengeheftete Schriftstücke zu einem Vorgang.

**Urkunden:** Das sind in der Regel Einzelschriftstücke, auf Pergament, mit Siegel und oft in einer Fremdsprache abgefasst, häufig in lateinischer Sprache.

**Amts- und Geschäftsbücher:** Diese sind meist fortlaufende Eintragungen von Protokollen, Rechnungen und dergleichen.

**Karten und Pläne:** Das sind in der Regel Flurkarten, Stadtpläne, Grundrisse und andere Planungsunterlagen.

**Druckschriften:** Adressbücher, Haushaltspläne, Amtsdrucksachen, Veröffentlichungen und Zeitungen.

**Bild- und Tondokumente:** alte Stiche, Stadtansichten, Postkarten, Fotos, Tonträger, Filmaufnahmen, Videobänder und neuerdings auch elektronisches Datenmaterial.

# INFORMATIONSGEWINNUNG

## *Informationsquellen – Film, Video, Audio – Inhalte mitschreiben*

*Hinweise zum Einsatz:*
*Die Bildstellen der einzelnen Regionen bieten vielfältiges Material, das in fast allen Fächern eingesetzt werden kann. Im Fach Deutsch sollte ab der Jahrgangsstufe 9/10 neben dem Protokollieren die Inhaltsangabe von audiovisuellen Beiträgen geübt werden.*

Baustein 6.5.1

## Information:

Bei einem Film, einem Videostreifen, einem TV- oder Hörfunkbeitrag kannst du dir nicht einfach mit einem Textmarker die wichtigen Stellen anstreichen. Hier musst du selbst mitschreiben und das geht – aufgrund der Schnelligkeit, mit der die Informationen dargeboten werden – nur stichwortartig. Oft sind die Bild- und Tonschnitte dermaßen schnell, dass das Erfassen des Inhaltes schon eine gewisse Übung voraussetzt. Am Anfang ist es sicherlich hilfreich, wenn du das Material auf Band zur Verfügung hast und somit beliebige Wiederholungen möglich sind.

## Anleitung:

Den Inhalt eines Film-, Video- oder Tondokuments kannst du dir folgendermaßen erschließen:

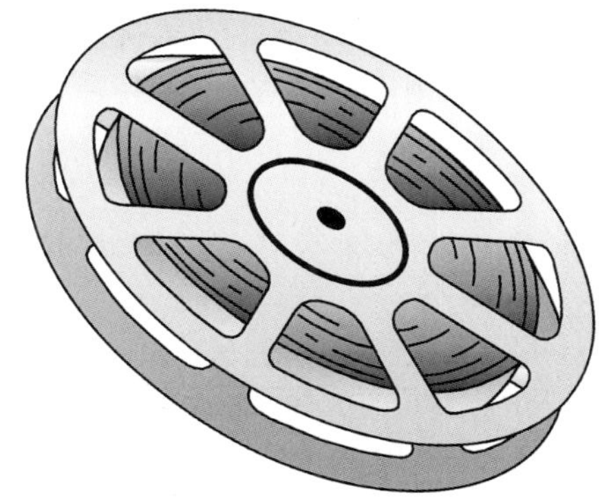

**1) Der Aufbau des Beitrags**
Was gehört zur Einleitung?
Was ist das Thema?
Welche Hauptargumente werden genannt?
Wie wird die Aussage belegt?
Welche Bedeutung hat die Aussage/haben die Aussagen?
Was gehört zum Schluss des Beitrags?

**2) Mit dieser Struktur schaust du dir (wenn möglich) den Beitrag abermals an und füllst die einzelnen Abschnitte mit weiteren Stichpunkten:**
Welche Meinung hat der Autor?
Welche Meinung haben die genannten Experten?
Welche Fakten werden genannt?
Welche Zusammenhänge werden aufgezeigt?
Was ist nebensächlich, was bedeutend?

Wenn du dir zu diesen Fragen einige Stichworte notieren kannst, wird es dir nicht mehr schwer fallen, einen Fließtext für eine Inhaltsangabe zu erstellen.

## Übung zu 6.5.1:

1) Beurteile die folgende Inhaltsangabe des TV-Beitrages von Vera Schmidtberger und Dorte von Stünzner in der Reportsendung vom 8.1.2001: Thema: Erziehungsgeld für Familien?

Der Moderator leitet auf den Beitrag über, indem er an den kürzlich verlauteten Vorschlag Stoibers, für die Erziehung eines Kindes in den ersten drei Jahren jeden Monat 1000.– DM zu zahlen, erinnert.
In der Einleitung werden geschlossene Kreissäle und Säuglingsstationen an verschiedenen Krankenhäusern in Deutschland gezeigt. Fazit: Deutsche Frauen befinden sich im Geburtenstreik. Im Gegensatz dazu stehen die folgenden Szenen einer Mutter von 4 Kindern mit ihrem arbeitsreichen Alltag.
Danach wird kurz über eine Sitzung des Europaparlaments berichtet, das sich mit der Bezahlung von Familienarbeit beschäftigt hat. Ein Sozialökonome kommt zu Wort, der auf die Bedeutung von Familien- und Erziehungsarbeit hinweist, danach wird Gemaine Greer (eine britische Feministin – „die Alice Schwarzer" Englands) interviewt. Sie unterstützt die Forderung nach angemessener Bezahlung dieser Arbeit. Andere Frauen des Europaparlaments sehen in der Bezahlung für Familienarbeit eine Karrierefalle für die Frauen.
Nachdrücklich wird auf den Zusammenhang mit der Rentenreform hingewiesen, nach Einschätzung der Autorinnen wird diese keinen Bestand haben, wenn nicht eine neue Familienpolitik begonnen wird. Sonst wird es in Zukunft kaum noch junge Menschen geben, die die Rente bezahlen werden.
Ein weiteres konkretes Beispiel einer allein erziehenden Frau (jede 5. Mutter ist allein erziehend) wird gezeigt. Die junge Mutter bringt ihr Kind in eine Tagesstätte, um ihrer Berufstätigkeit nachzugehen, um selbst später Anspruch auf Rente zu haben.
Die Feministin Greer äußert dazu die Ansicht, dass jede Frau die freie Entscheidung hat: entweder mit Leib und Seele Erziehungsaufgaben nachzugehen oder Karriere zu machen und sich für das Erziehungsgeld professionelle Erziehung einzukaufen. Ein Ökonom kommt danach zu Wort, der dadurch einen neuen Markt entstehen sieht, der wiederum die Volkswirtschaft ankurbelt.
Prof. Kirchhoff – Steuerrechtler, der an Verfassungsgerichtsurteilen zur Besserstellung von Familien mitgewirkt hat – erhebt die Forderung die Familienpolitik gravierend zu verbessern – auch wenn dies über 100 Mrd. DM kosten würde. Er vergleicht die Herausforderung mit den Kosten für die Deutsche Einheit. Es muss eben ein schonender Übergang werden, der zur Umverteilung führt.
Das Fazit der Autorinnen: Die Einführung eines merklichen Erziehungsgeldes bewirkt einen Systemwandel, der zur Aufwertung von Familie führt. Die Debatte darüber ist es wert, geführt zu werden.

2) Suche dir im TV-Programm je einen kurzen Beitrag von etwa 15–30 Minuten zu verschiedenen Inhaltsbereichen:

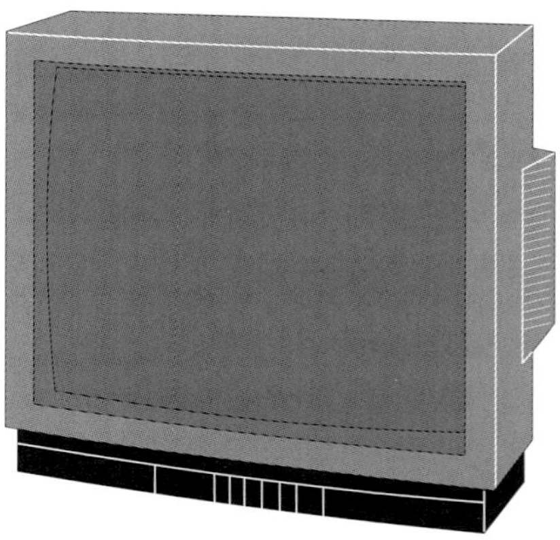

a) Wissenschaft
b) Politik
c) Reportage
d) Kultur

Nimm den Beitrag auf und erstelle dann eine Inhaltsangabe dazu.

# INFORMATIONSGEWINNUNG

## *Informationsquellen – Filmprotokoll*

*Hinweise zum Einsatz:*
*Mit einem Film werden Inhalte nicht nur über das gesprochene Wort übermittelt, sondern auch durch die optische Darbietung. In der Oberstufe lassen sich diese Elemente gut in den Fächern Kunst und Deutsch analysieren.*

Baustein
6.5.2

## Information:

Für eine Filmanalyse sind zunächst alle Aspekte von Interesse, die auch zu einer Romanbesprechung gehören: die Handlung, die Akteure, die Randfiguren, die Zeit, der Raum, usw ... Für ein Filmprotokoll sind zudem Elemente von Wichtigkeit, die Sie mithilfe eines speziell angelegten Protokollblattes systematisch erfassen können.

## Anleitung:

| **Nummer der Szene** | **Dauer** | **Stichworte zur Handlung** | **Kamera** Einstellung, Bewegung, Perspektive | **Schnitt** | **Sprache** | **Geräusche, Musik** |
|---|---|---|---|---|---|---|
| | | | | | | |

Sie können zum Eintragen die folgenden Abkürzungen verwenden:

- für die Kameraeinstellung: *D* = Detail-; *G* = Groß-; *N* = Nah-; *hN* = Halbnah-; *hT* = Halbtotal-; *T* = Total-; *W* = Weitwinkelaufnahme
- für die Kamerabewegung: *F* = Fahrt, *S(l/r)* = Schwenk links/rechts; *Z* = Zoom
- für die Perspektive: *V* = Vogel-; *Fr* = Frosch-; *No* = Normalperspektive; *SK* = subjektive Kamera.

So ein Filmprotokoll wird Ihnen beim bewussten Sehen helfen. Wichtig ist jedoch nicht nur das filmische Verfahren zu identifizieren, sondern das Zusammenwirken mit dem Inhalt und die Funktion der Bildelemente zu betrachten. Sie müssen also analysieren, warum in einer bestimmten Szene gerade diese Lichtverhältnisse eingesetzt sind, wie die Kameraführung zur Musik passt, wie die Einstellungsgrößen mit dem dargebotenen Inhalt zusammen passen.

# Übung zu 6.5.2:

1) Analysieren Sie zunächst einige Werbespots. Vergleichen Sie die Spots von ähnlichen Produkten (Kaffee, Auto, Alkohol, Waschmittel, Parfüm, ...)

2) Analysieren Sie dann kurz Nachrichtenbeiträge.

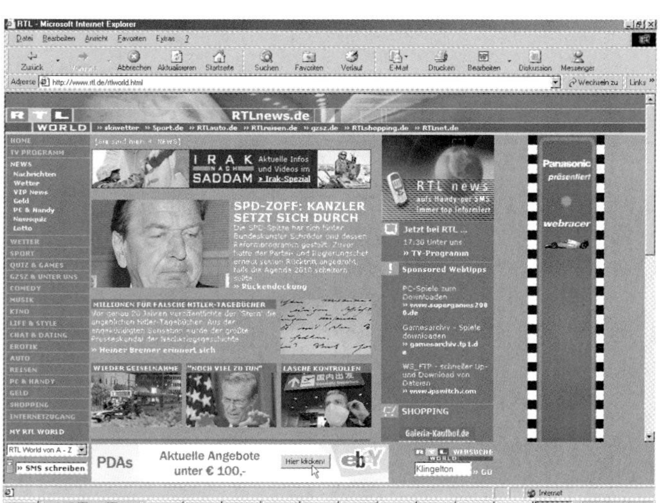


3) Suchen Sie sich eine Sequenz aus einem Spielfilm, die Sie „gut" finden und analysieren Sie, warum sie Ihrer Meinung nach „gut" ist.

# INFORMATIONSGEWINNUNG

## Informationsquellen – Internetsuche

*Hinweise zum Einsatz:*
*Ab Jg. 9/10 haben die meisten Schülerinnen und Schüler genügend Grundkenntnisse, damit sie mit einem PC umgehen können. Die sinnvolle Informationssuche sollte möglichst in Informatikkursen systematisch erlernt werden.*

Baustein 6.6

## Information:

Immer wichtiger wird die Informationsbeschaffung aus dem Internet. Schon jetzt stehen uns ca. 200 Mio. Websites zur Verfügung und täglich kommen mehrere zehntausend hinzu. Klar, dass es da fast jede Information, die du suchst, zu finden gibt – nur wo? Das ist das große Problem, da es nämlich kein zentrales Verzeichnis gibt, in dem alles erfasst wird. Aber es stehen uns heute verschiedene Möglichkeiten zur Verfügung, uns im WorldWide-Web zurecht zu finden. Möglicherweise wird es in einigen Jahren noch andere geben, die folgende Anleitung wird dir dennoch bei einer ersten gezielten Suche helfen.

## Anleitung:

**1) Zufallssuche:**

Große Firmen, Einrichtungen und Vereine haben in der Regel ihren Namen als Adresse. So findet man die Homepage von Langnese unter www.langnese.de.

Alle Adressen fangen mit *www.* für *WorldWideWeb* an und enden mit einem Kürzel wie z. B.

*.de* für Deutschland
*.ch* für Schweizer Seiten
*.com* für internationale, kommerzielle Dinge
*.gov* für die amerikanische Regierung (government)
*.org* für Organisationen

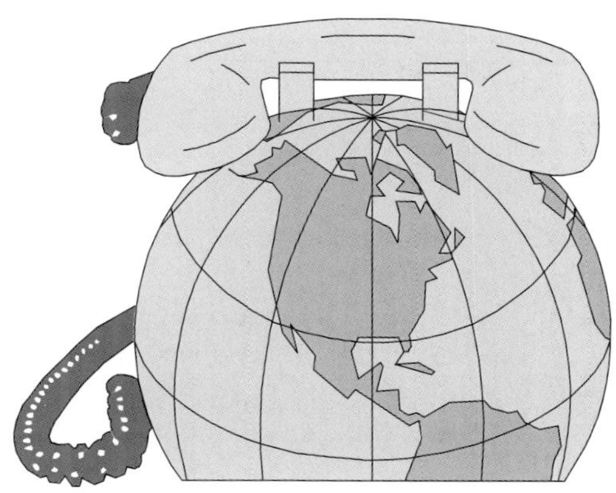

**2) Suchmaschinen:**

Verschiedene Anbieter durchsuchen für dich das Netz nach bestimmten Suchbegriffen.

Du musst darauf achten, ob die Suche im ganzen Web stattfindet oder z. B. nur auf deutschsprachigen Seiten. Entsprechend sollten deine Suchbegriffe auf deutsch oder englisch eingegeben werden. Du kannst auch mehrere Suchbegriffe eingeben, musst dabei aber auf die für Suchmaschinen typische Schreibung achten: So musst du bei manchen die Begriffe mit „+" versehen, also +Referat+Biologie, um alle Referate, die mit Biologie zu tun haben, angezeigt zu bekommen. Bei anderen musst du die Begriffe mit AND/UND, OR/ODER usw. verbinden. Du kannst auch Begriffe ausschließen. Mit NOT/NICHT oder einem „– Zeichen" wird nach Seiten mit dem ersten Suchbegriff gesucht, die nicht den 2. Begriff enthalten.

*Tipp:* * ist der Joker. Er steht für eine beliebige Anzahl von Buchstaben.
Wenn du nicht weißt, wie ein Begriff geschrieben wird, kannst du z. B. nach Pazifi* suchen und findest alles über Pazifik, Pazific, Pazifist und Pazifismus. Vorsicht: Wenn du nach **kette** suchst, bekommst du nicht nur alles über Ketten, sondern auch über z. B. Dis*ketten*.

**3) Web-Kataloge:**

Webkataloge sind Verzeichnisse, die von Redakteuren zusammengestellt werden. Sie haben den Vorteil, dass sie logisch überprüft wurden. Man bekommt also keine Beiträge, die vom gesuchten Begriff völlig abweichen.
Sie sind hierarchisch aufgebaut, d. h. man klickt sich in allgemeinen Begriffen durch, bis man bei der gesuchten Information angelangt ist.

Hier einige Adressen von Suchmaschinen und Web-Katalogen:

*www.altavista.de*
*www.fireball.de*
*www.yahoo.de*
*www.web.de*
*www.lycos.de*
*www.excite.de*
*www.allesklar.de*
*www.google.de*

## Übung zu 6.6:

1) Suche im Netz Informationen zu den neuen Tretrollern, den Scootern.

   Wird nur der Begriff „scooter" eingegeben, dann tauchen allein bei altavista über 50 000 Hinweise auf. Wird die Suche auf „scotter+roller" eingeschränkt, werden nur noch ein- bis zweihundert Hinweise aufgeführt, selbst wenn die Suche auf den deutschsprachigen Raum beschränkt ist. Achtung: nicht all diese Webseiten liefern dir Details zu den modernen Tretrollern. Es gibt auch Motor-Scooter und Elektroroller, die unter diesem Suchbegriff auftauchen. Weitere Einschränkungen „+Cityroller+Kickboard" werden dich auf die Seiten führen, die du suchst.

2) Hast du davon gehört, dass es Anfang 1999 gelungen ist in einem Ballon nonstop um die Welt zu fahren? Suche im Netz nach Hintergrundinformationen zu diesem Ereignis.

# INFORMATIONSGEWINNUNG

## *Umfragen – Szenarien – repräsentative Umfragen*

*Hinweise zum Einsatz:*
*In Zusammenarbeit der Fächer Mathematik und Sozialkunde kann diese Methode ab Jg. 9/10 gewinnbringend eingesetzt werden.*

Baustein 7.2.4

## Information:

Da man in den seltensten Fällen alle Personen befragen kann, die mit dem Thema der Umfrage etwas zu tun haben, muss man sich auf eine Teilbefragung beschränken.
Für eine repräsentative Umfrage ist es nun notwendig, sich einer „richtigen" Auswahl zu bedienen, denn die befragte Gruppe soll ja die Gesamtheit repräsentieren.

## Anleitung:

Angenommen, du möchtest etwas über die Rauchergewohnheiten deiner Mitschüler aussagen und hast dafür einen Fragebogen entworfen. Es ist dir aber nicht möglich alle 637 Schüler deiner Schule zu befragen. Das sind einfach zu viele. 200 Befragungen, das ist ein Maximum für dich.

Wenn deine Umfrage nun repräsentativ sein soll, dann müssen unter deinen 200 Befragten anteilig genauso viel Jungen und Mädchen sein, wie sie in der gesamten Schülerschaft vertreten sind. Du musst prozentual genauso viel Fünftklässler, Sechstklässler, Siebtklässler usw. befragen, wie es Fünftklässler, Sechstklässler, Siebtklässler usw. in der ganzen Schule gibt.
Je nachdem, welche Analysekriterien du noch in Betracht ziehen möchtest, musst du unter deinen Befragten prozentual genauso viele mit dieser Eigenschaft haben, wie sie auch in der ganzen Schülerschaft anzutreffen sind – etwa die Verteilung nach Geschlecht, Religionszugehörigkeit, nach Geschwisterzahl, Wohnort oder sonstigen Kriterien.

In der folgenden Tabelle siehst du einen Auszug aus einer Schulstatistik:

| Klasse | 5 | 6 | 7 | 8 | 9 | 10 | 11 | 12 | 13 |
|---|---|---|---|---|---|---|---|---|---|
| Männl. | 41 | 48 | 52 | 38 | 42 | 35 | 38 | 32 | 34 |
| Weibl. | 32 | 38 | 31 | 28 | 25 | 31 | 32 | 31 | 29 |
| Σ | 73 | 86 | 83 | 66 | 67 | 66 | 70 | 63 | 63 |
| ev. Rel | 31 | 33 | 36 | 25 | 27 | 28 | 30 | 28 | 25 |
| rk. Rel | 25 | 29 | 26 | 21 | 17 | 22 | 24 | 21 | 22 |
| so. Rel | 17 | 24 | 21 | 10 | 23 | 16 | 6 | 14 | 13 |
| Fahrsch. | 31 | 36 | 34 | 25 | 22 | 28 | 27 | 30 | 32 |

Die Schule hat also 637 Schüler, 73 sind in der Klasse 5, das entspricht also 11,5 %. Bei einer repräsentativen Umfrage von 200 Schülern müssen also 11,5 % von 200, was 23 Schüler ergibt, aus der Klasse 5 dabei sein, und zwar 13 Jungen und 10 Mädchen.
Für die 86 Schüler der Klasse 6 bedeutet es, dass unter den 200 befragten 27 Sechstklässler sein müssen, und zwar 15 Jungen und 12 Mädchen. Für die anderen Klassen ergeben sich die Werte entsprechend.

## Übung zu 7.2.4:

1) Wie viele Befragte müssen bei einer repräsentativen Umfrage vom Umfang 150 in der oben genannten Schule dabei sein, die
a) männlich b) römisch-katholisch c) Fahrschüler sind?

2) Du möchtest unter der Bevölkerung eine repräsentative Umfrage machen. Über Deutschland stehen dir die folgenden Angaben des Statistischen Bundesamtes von 1997 zur Verfügung:
Zum 31.12.1997 gab es in Deutschland
82 057 379 Einwohner, davon 39 992 311 Männer und 42 065 068 Frauen,
davon 7 365 833 Ausländer (4 076 962 Männer und 3 288 871 Frauen),
nach Ländern geordnet:

| | |
|---|---|
| 2 107 426 | Türkei |
| 721 029 | Jugoslawien |
| 607 868 | Italien |
| 363 202 | Griechenland |
| 283 312 | Polen |
| 281 380 | Bosnien-Herzegowina |
| 206 554 | Kroatien |
| 185 076 | Österreich |
| 2 609986 | sonstige Länder |

Wie muss eine repräsentative Umfrage unter 500 Befragten durchgeführt werden?

Türkei

Jugoslawien

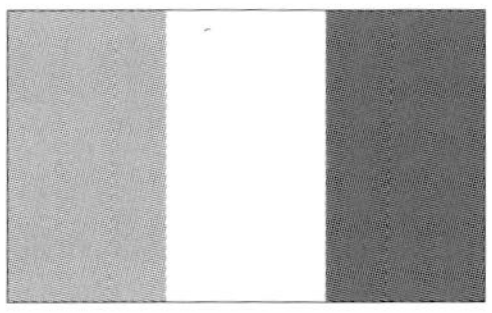
Italien

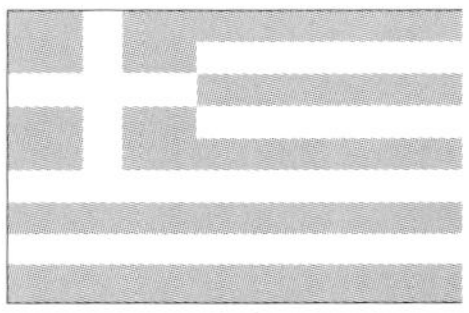
Griechenland

Polen

Bosnien

Kroatien

Österreich

# INFORMATIONSGEWINNUNG

## Umfragen – Szenarien – Auswertung von Umfragen

*Hinweise zum Einsatz:*
*In Zusammenarbeit der Fächer Mathematik und Sozialkunde kann diese Methode ab Jg. 9/10 gewinnbringend eingesetzt werden.*

Baustein 7.2.5

### Information:

Die Auswertung einer Umfrage ist eine kleine Wissenschaft für sich, will man dies exakt machen. In der Mathematik wirst du dich unter dem Kapitel „Stochastik – Wahrscheinlichkeitsrechnung und Statistik" damit beschäftigen. Aber auch ohne ein großes Matheexamen kannst du einige sinnvolle Auswertungen vornehmen.

### Anleitung:

Folgende Berechnungen kannst du mit den gewonnenen Antworten und deren Häufigkeiten anstellen:

**1) Angabe des Durchschnittswertes, des Mittels $\bar{x}$**
Dies empfiehlt sich immer dann, wenn die Antworten fortlaufende Zahlenwerte enthalten.
Beispiel: *Wie viele Tage Urlaub haben Sie im vergangenen Jahr im Ausland verbracht?* Jeder antwortet mit einer Zahl; aus diesen lässt sich der Mittelwert berechnen.
**($\bar{x}$ = Summe aller Zahlen geteilt durch die Anzahl der Befragten)**

**2) Prozentangaben**
Welcher Anteil der Befragten antwortete auf die Frage mit der Antwort x?
Beispiel: *Wen würdest du gerne als Schulsprecher sehen?*
34 von 150 gaben an, sie würden den Peter Müller gerne als Schulsprecher sehen.
34 von 150 entspricht 22,7 %.

**3) Angabe der durchschnittlichen Veränderung**
Werte aus einer früheren Befragung werden mit der aktuellen verglichen und die Veränderung in Prozent ausgedrückt.
Beispiel: Gegenüber der Umfrage vor einem Monat nahm die Zustimmung für die Partei XYZ um 1,8 % zu und liegt jetzt bei 37,2 % (d. h. vor einem Monat war sie noch bei 35,4 %).

Bei den meisten Umfragen wird es nicht möglich sein, alle möglichen Personen zu befragen, die in Betracht kommen. Man wird nur einen Bruchteil auswählen (repräsentative Umfrage) und dann auf die Allgemeinheit schließen. Dann verlieren aber Aussagen einer Umfrage von 150 Schülern wie „47,32 % aller Schüler über 12 Jahre gehen mindestens 1 mal pro Woche in die Disco" ihren Wert, denn die Prozentzahl bezieht sich nur auf die Umfrage, nicht aber auf die Allgemeinheit.
Hier hilft die Mathematik mit dem Begriff der **Standardabweichung** weiter. Unter der Voraussetzung, dass es sich bei der Verteilung um eine Binomialverteilung handelt (und das gilt fast immer mit guter Näherung), berechnet sich die

Standardabweichung $\sigma$ durch $\sigma = \sqrt{n \cdot p \cdot q}$

In dieser Formel ist $n$ der Umfang der Stichprobe, $p$ der Anteil der Befragten, die die Frage mit „ja" beantworteten, und $q$ der Anteil, der die Frage nicht mit „ja" beantwortet hat.

Gibt man nun bei der Antwort zu einer Frage statt dem Mittelwert $\bar{x}$ (oder anteilmäßig umgerechnet in %) den Bereich $\bar{x} \pm 2\sigma$ an, dann hat man eine Sicherheitswahrscheinlichkeit von ca. 95 % (so sagt die Theorie der Mathematiker), dass das wahre Resultat in diesem Bereich liegt. Bei Prozentangaben verwendet man den Bereich:

$\bar{p} \pm 2\,\frac{\sigma}{n}$ für die gleiche Sicherheitswahrscheinlichkeit.

## Übung zu 7.2.5:

1) Überprüfe die folgende Berechnung:
   Frage: „Schauen Sie die Sendung „Marienhof" regelmäßig?
   Antworten: 417 von 629 Befragten antworteten mit „ja".

   $n = 629 \qquad p = \frac{417}{629} = 0{,}663 \qquad \sigma = \sqrt{629 \cdot 0{,}663 \cdot 0{,}337} = 11{,}85$

   $\bar{p} \pm 2\,\frac{\sigma}{n} = 0{,}663 \pm 0{,}0377$

   Damit hat die Aussage „Zwischen 62,5 % und 70 % schauen ‚Marienhof'" eine Gewissheit von 95 %.

2) Bei einer Umfrage unter 315 Schülern einer Schule wird festgestellt, dass unter den Befragten 101 Schüler/-innen bereits ein Handy besitzen.
   Bestimme den Prozentbereich, der mit 95 % Sicherheit angegeben werden kann.

# INFORMATIONSGEWINNUNG

## Umfragen – Szenarien – Reportage

*Hinweise zum Einsatz:*
*In Zusammenarbeit der Fächer Deutsch und Sozialkunde kann diese Methode ab Jg. 9/10 auch in projektartigem Unterricht eingesetzt werden.*

Baustein 7.3

## Information:

Eine Reportage ist ein lebensnaher Bericht über ein aktuelles Ereignis oder Thema. Eine Reportage wird nicht für Bücher produziert, die langsam verstauben, eine Reportage will verbreitet sein. Sie richtet sich genauso wie Presse, Funk und Fernsehen an ein bestimmtes Publikum.

## Anleitung:

1) In einer Reportage kannst du verschiedene Gestaltungselemente benutzen:
   - Beschreibung von Vorgängen und Abläufen
   - Dokumentation in Kurzform, Entwicklung bis zum aktuellen Anlass
   - Aufrollen der Hintergründe
   - Interviews mit unterschiedlichen Experten
   - Stimmungsbilder aus der Bevölkerung
   - Erfassen von Originaltönen vom Schauplatz
   - Bildmaterial vom Schauplatz

2) Bevor du eine Reportage erstellen willst, solltest du die folgenden Fragen für dich klären:
   - Welche **Botschaft** soll durch die Reportage an die Zuhörer / Zuschauer vermittelt werden?
   - **Gliedere das Thema** in deutliche Abschnitte:
     Einführung in das Thema;
     das aktuelle Thema, der Anlass;
     Hintergründe – wie es dazu kam; Stellungnahmen von Experten, Betroffenen;
     Ausblick: Wie könnte es weiter gehen?
   - Eine Reportage soll ein **lebensnaher Bericht** sein. Verwende deshalb auch einen abwechslungsreichen Stil bei der Präsentation.
   - Bedenke die Aufnahmefähigkeit deiner Zuhörer / Zuschauer. Allzu lange Abschnitte ermüden. Argumente und Informationen müssen **kurz und klar** sein.

## Übung zu 7.3:

1) Vergleiche eine Fußballreportage im Fernsehen mit einer im Rundfunk.

2) Hier ist der Anfang in Form eines Drehbuches zu einer Reportage zum Thema „Jugendliche und Alkohol im Straßenverkehr" wiedergegeben.
Schreibe das Drehbuch weiter, so wie du dir den Fortgang der Reportage vorstellen könntest.

**1. Bild:** Gaststätte „Zur letzten Instanz"

*Bild* Ton

1. *[Totale] der Gaststätte von außen,* Geräusche der Straße; Reporter: Berichtet über Christian Fuchs, der gerade verurteilt wurde, wegen Mofafahrens im alkoholisierten Zustand. 400 € Geldstrafe und ein halbes Jahr Führerscheinentzug. Wie kam es dazu? Suchen wir doch die Kneipe der Jugendlichen einmal auf:

2. *[Fahrt mit Transfokator in Halbnah] auf ein Fenster*

3. *[Umschnitt – Halbnah] in der Gaststätte: An einem Tisch sitzt eine Gruppe Jugendlicher; sie trinken Bier und Cola und diskutieren zusammen.* Geräusche in der Kneipe: Stimmengewirr, evtl. Schnulze aus Musikbox

4.–7. *[Halbnah und Nah]: Tisch mit Jugendlichen, die sich unterhalten – dann einzelne Aussprüche, wobei die Kamera den jeweils Sprechenden zeigt.*
„Wie lange das dauert. – Jetzt ist Christian schon zwei Stunden im Gericht." „In seiner Haut möcht' ich ja nicht stecken." „Hoffentlich brummen sie ihm nicht zu viel auf." „Na, bei Alkoholdelikten kennen die kein Pardon."

8. *[Halbnah] Ein Jugendlicher blickt aus dem Fenster und meint:* „Was sich in so 'nem Gebäude alles entscheidet."

9. *[Umschnitt – Totale] Gerichtsgebäude*

10. *[Wieder Totale] der Tischrunde, –*

11. *[Schwenk in Halbnah] auf die Kneipentür, durch die jetzt Christian Fuchs hereintritt.*

12. *[Halbnah] Christian geht auf den Tisch der Freunde zu, – man rückt ihm einen Stuhl hin, – er nimmt Platz. Jugendliche begrüßen den Eintretenden etwas verhalten:* „Hallo! – Na, komm' erst mal und erzähl."

13. *[Zwischenschnitte Groß] Gespannte Gesichter der Freunde, und er wird gefragt:* „Was hast du bekommen?"

14. *[Groß] Gesicht von Christian, das die Anspannung der Gerichtsverhandlung widerspiegelt, – dann, nach einer Verschnaufpause kommt ein Mikrofon ins Bild* und der Reporter fragt Christian: „Guten Tag Herr Fuchs, ich habe eben im Gericht mitbekommen, dass Sie zu einer Strafe verurteilt wurden: Alkohol im Straßenverkehr – können Sie den Zuschauern unserer Jugendsendung „Scooty" dazu etwas sagen?"

...

nach: „... schon mal was von Restalkohol gehört?" FWU; Unterrichtssequenzen Deutsch 9, Auer-Verlag 1999, S. 192ff.

# INFORMATIONSGEWINNUNG

## Umfragen – Szenarien
## Fallstudie

*Hinweise zum Einsatz:*
*Je nach Thema kann diese Methode in der Oberstufe auch in Verbindung verschiedener Fächer oder im projektartigen Unterricht eingesetzt werden.*

Baustein 7.4

## Information:

Fallstudie, engl. case study, ist eine Methode, die aus der empirischen Sozialforschung kommt. Man untersucht dort einen Einzelfall und gewinnt daraus repräsentative Daten. Für eine Fallstudie im Unterricht werden reale Vorkommnisse durch Vereinfachung, Reduzierung und Strukturierung auf den Unterricht zugeschnitten. Damit steht ein großes Maß an Realität hinter der mit der Fallstudie verbundenen Aufgabe, die alleine oder in der Gruppe mit größtmöglicher Selbstständigkeit gelöst werden soll. Alle zur Entscheidung notwendigen Informationen müssen Sie sich selber besorgen. Sie müssen gemeinsam planen, wie Sie vorgehen wollen und Sie müssen darlegen, wie Sie überprüfen können, ob Ihre Lösung trägt.

## Anleitung:

Das folgende Beispiel gibt Ihnen einen kurzen Einblick in die Aufgabenstellung einer Fallstudie:

**Fallbericht:**
Sie sind mit einer Gruppe von Gleichaltrigen in den Bergen unterwegs und steigen gerade eine steile Schrofenrinne ohne große Schwierigkeiten hinauf.
Über Ihrer Gruppe steigen zahlreiche andere Bergsteiger aufwärts. Plötzlich trifft ein losgetretener Stein ein Mitglied Ihrer Gruppe am Kopf. Folge: kurze Bewusstlosigkeit und stark blutende Platzwunde an der Schläfe.

**Aufgabe:**
*Welche Sicherheitsregeln wurden missachtet?*
*Welche Maßnahmen führen Sie in welcher Reihenfolge durch?*
*Begründen Sie Ihr Handeln kurz!*

Dieser kleine Fallbericht erfordert in der Bearbeitung folgende Schritte:
Sich kundig zu machen über

- **Verhalten** beim Gehen im Fels,
- **medizinische Hintergründe** zu der Verletzung,
- **Erste Hilfe** in den Bergen,
- notwendige **Erste-Hilfe-Ausrüstung**.

Folgende Ergebnisse könnten aus diesem Fallbericht erwachsen:

**1) Beurteilung der Situation:**

- *Kurze Bewusstlosigkeit deutet auf Gehirnerschütterung hin.*
- *Platzwunde am Kopf – da ist ein Schädelbruch nicht auszuschließen.*
- *Die Gefahr von Gehirnblutungen besteht.*

**2) Maßnahmen:**

- *Verletzten aus dem Steinschlagbereich entfernen.*
- *Flachlagerung, Kopf leicht erhöht.*
- *Sterile Versorgung der Platzwunde, ggf. Druckverband.*
- *Abbruch der Tour und Rückweg auf technisch einfachstem Weg. Patient in schwierigerem Gebiet sichern.*

**3) Achtung:**

- *Patient bagatellisiert evtl. den Unfall.*
- *Euphorie und unvorhersehbare Reaktionen sind möglich.*
- *Bei Trübung des Bewusstseins Gehirnblutung wahrscheinlich; Abtransport mit Helikopter.*

**4) Sicherheitsfehler:**

- *Die Gruppe hätte gar nicht – schon gar nicht ohne Helm – in die Schrofenrinne einsteigen dürfen.*

## Übung zu 7.4:

Für die Atomkraftwerke gibt es ausgearbeitete Fallstudien zu den verschiedenen Arten von Betriebsstörungen. In den umliegenden Gemeinden kann man solche Katastrophenpläne einsehen. Örtliche Umweltschutzgruppen sind auch bei der Beschaffung von Fallstudien der Betreiber wie auch der Atomkraftgegner behilflich.

Untersuchen Sie kritisch diese Fallstudien und vergleichen Sie sie untereinander.

Atomreaktor Tschernobyl nach dem Reaktorunfall am 26.4.1986 Bild: dpa

# INFORMATIONSGEWINNUNG

## *Umfragen – Szenarien*
## *Szenariotechnik*

*Hinweise zum Einsatz:*
*Diese Methode eignet sich in besonderer Weise für eine projektorientierte Arbeit in der Oberstufe in Gemeinschaftskundefächern.*

Baustein 7.5

## Information:

Der Begriff „Szenario“ stammt aus den 50er-Jahren und wurde dort bei militärstrategischen Planspielen geprägt. Die Club-of-Rome-Studie in den 70er-Jahren war ein vielbeachtetes Szenario, in dem zum ersten Mal Zusammenhänge und Wechselwirkungen in deutlicher Konsequenz aufgezeigt wurden.
Die Technik wird heute meist angewendet, wenn es um die Lösung von Zukunftsproblemen geht, um globale Modelle, um langfristige Prognosen. Szenariotechnik zeichnet sich aus durch:

- ganzheitliches und systematisches Denken statt isolierend abstrahierender, zusammenhangsloser Sichtweisen
- organische statt mechanische Denkweisen
- Prozessdenken statt Strukturdenken.

## Anleitung:

In der Regel arbeiten Szenarien mit drei verschiedenen Planungshorizonten:

a) kurzfristige Szenarien (Entwicklung für die nächsten 5–10 Jahre)
b) mittelfristige Szenarien (Entwicklung bis 20 Jahre)
c) langfristige Szenarien (Entwicklung bis weit über 20 Jahre)

Der „Szenariotrichter“ verdeutlicht dies:

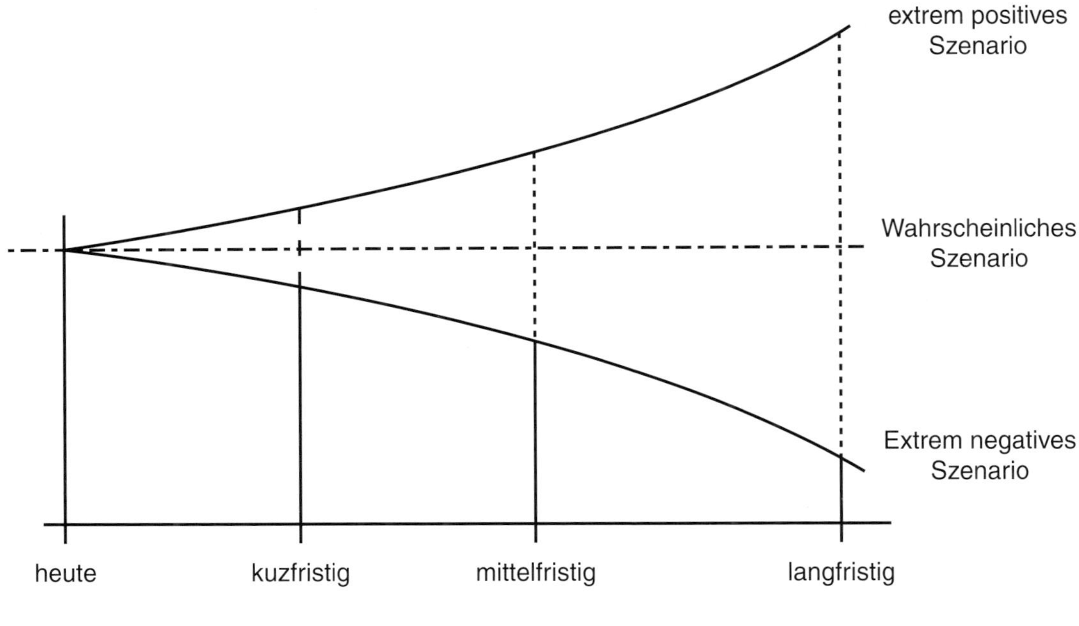


Die Schnittlinien geben die Summe aller denkbaren und theoretischen Zukunftssituationen für den gegebenen Zukunftshorizont wieder.

Man entwickelt drei Grundtypen von Szenarien und kann damit alle weiteren erschließen.

1) ein **extrem positives Szenario** – es bezeichnet die günstigste Zukunftsentwicklung.

2) ein **extrem negatives Szenario** – es bezeichnet den schlechtesten Entwicklungsverlauf.

3) ein **wahrscheinliches Szenario** – es beinhaltet die Fortschreibung der heutigen Situation für die Zukunft.

Szenarien sollten die folgenden Bedingungen erfüllen:

- **Größtmögliche Stimmigkeit:** Übereinstimmung und Widerspruchsfreiheit innerhalb eines Szenarios. Einzelne Entwicklungen dürfen sich nicht gegenseitig aufheben.
- **Größtmögliche Stabilität** der Szenarien. Kleinere Erschütterungen und Veränderungen dürfen nicht zum Zusammenbrechen der Szenarien führen.
- **Größtmögliche Unterschiedlichkeit** der drei Grundtypen, d. h. die Extremszenarien sollten möglichst nahe an die Ränder des „Szenariotrichters" herankommen.

## Übung zu 7.5:

1) Entwickeln Sie ein Zukunftsszenarium zur Schulausbildung.
   - Was und wie wird unterrichtet in 10 Jahren, in 20 Jahren, in 50 Jahren?
   - Wie wird die Schule ausgestattet sein?
   - Wie sieht es in den Klassenzimmern aus?
   - Wie sehen die Abschlussprüfungen aus?
   - Wie lange wird man in die Schule gehen müssen?

   Ihnen fallen sicher noch eine ganze Reihe mehr Fragen ein, die mit einem Szenario beantwortet werden können.

2) Entwickeln Sie ein Zukunftsszenarium zur Europäischen Union.
   - Welche Staaten werden dazu gehören in 10 Jahren, in 20 Jahren, in 50 Jahren?
   - Wie viele Menschen werden in diesem Europa leben?
   - Wie sieht der europäische Wirtschaftsraum aus?
   - Wie sind die Arbeitsplätze verteilt?
   - Wie sieht die Bevölkerungsstruktur aus?
   - Wie sieht die Umweltbelastung aus?

   Auch hierzu werden Ihnen noch eine Menge weiterer Fragen einfallen.

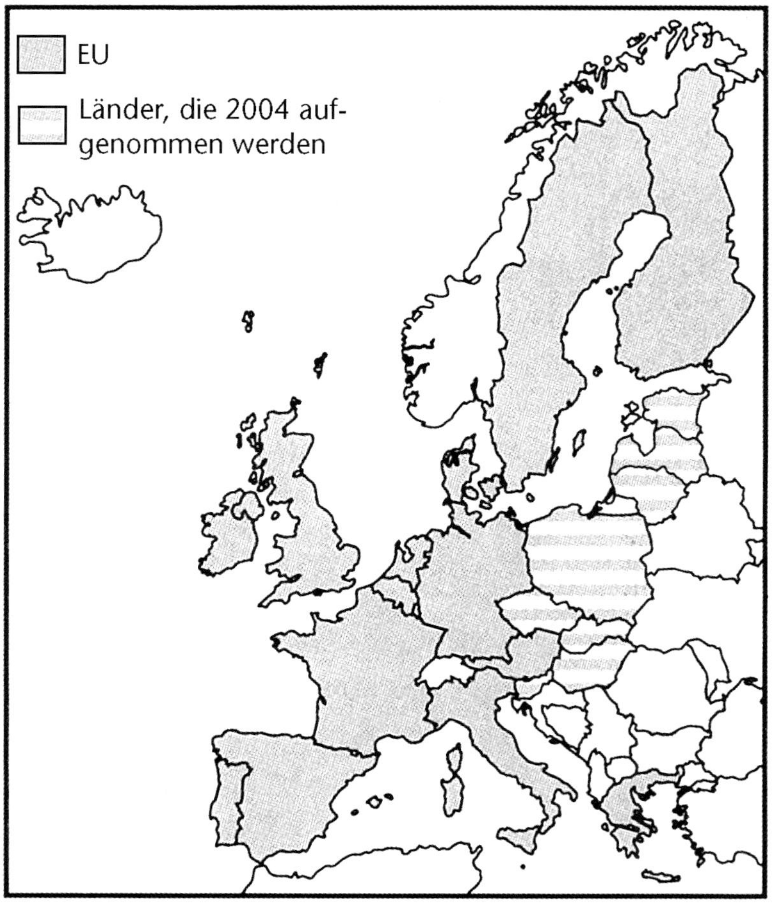

# INFORMATIONSGEWINNUNG

## Umfragen – Szenarien
## Planspiel

*Hinweise zum Einsatz:*
*Diese Methode eignet sich in besonderer Weise für eine projektorientierte Arbeit in der Oberstufe in Gemeinschaftskundefächern.*

Baustein 7.6

## Information:

In einem Planspiel werden komplexe Sachverhalte aus dem realen Leben auf ihre grundlegenden Strukturen elementarisiert. Dabei darf die Wirklichkeit nicht verfälscht werden. Die Teilnehmer am Planspiel müssen in die Lage versetzt werden, zu dem Problem selbstständig einen Zugang zu finden. Das Planspiel ist wie das Rollenspiel eine Simulation und bietet den Teilnehmern die Möglichkeit Selbstständigkeit und Entscheidungsfähigkeit zu trainieren.

## Anleitung:

In einem Planspiel gibt es immer mehrere beteiligte Gruppen, die einen klar umrissenen Handlungsspielraum haben. In ihrem Handeln kann eine Gruppe bis zu einem gewissen Grad die anderen Gruppen beeinflussen. Sie können z. B. so zum Handeln gedrängt werden. Wie diese dann agieren, ist ihnen wiederum freigestellt.
Damit auch alle Beteiligten von den Aktionen und Entscheidungen der beteiligten Gruppen informiert werden können, laufen alle Aktionen und Entscheidungen über einen Spielleiter. Während eines Planspiels kann man in der Regel drei verschiedene Phasen unterscheiden:

**1) Motivationsphase:**
Das Problem oder der Konflikt wird bewusst gemacht, Hintergrundinformationen werden gegeben oder bereits erarbeitet, eigene Interessen und Zielsetzungen werden geklärt.

**2) Erarbeitungsphase:**
Strategien zur Lösung des Problems werden gesucht.
Ein Kontakt mit anderen Spielgruppen wird aufgebaut und man tritt in Verhandlungen mit anderen Spielgruppen ein.

**3) Entscheidungsphase:**
Auf einer gemeinsamen Konferenz der Spielgruppen werden die einzelnen Lösungswege beurteilt und man entscheidet sich für eine Lösungsvariante oder sucht unter den Beteiligten nach einem Kompromiss.

Wie bei einem Rollenspiel (siehe Bausteine 11.1 bis 11.4) benötigt jede Gruppe erst einmal ausreichend Hintergrundinformationen zu dem Problem und zu dem Teil des Planspiels, den sie übernehmen soll. Darüber hinaus muss jede Gruppe über die Stellung und Interessen der anderen beteiligten Gruppen informiert werden. Je ausgereifter diese Basisinformationen sind und je gründlicher sich die einzelnen Gruppen vorbereiten, um so gezielter können sie später agieren und mit den anderen Gruppen in Verhandlungen treten.

## Beispielskizze:

Problem: Eine Umgehungsstraße soll um Großdorf gebaut werden, da sich der Berufsverkehr immer durch die engen Gassen mit ihren Fachwerkhäusern quält. Für den Bau müsste aber ein Waldstück durchschnitten und ein Feuchtgebiet geopfert werden. Andererseits würde Großdorf dadurch sicherlich unter dem Aspekt des Fremdenverkehrs gewinnen.

Spielübersicht:

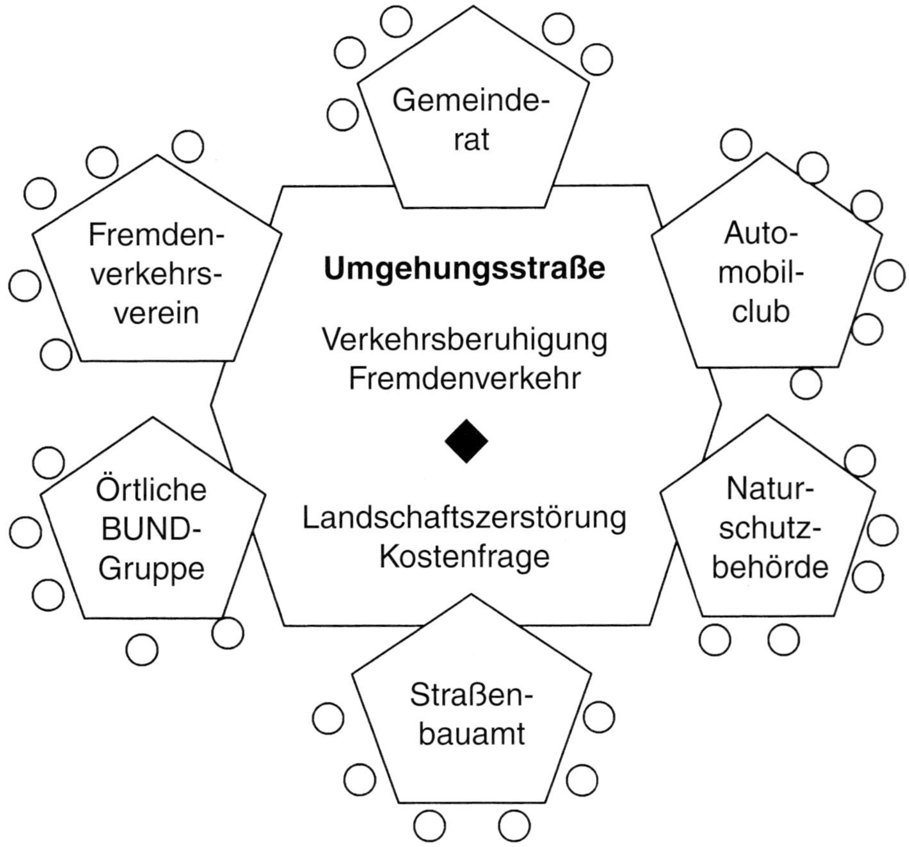


Informationen:
- Beschreibung der einzelnen Gruppen mit ihren Interessen
- Studie zur Verkehrsbelastung in Großdorf
- Gutachten und Pläne zur Umgehungsstraße
- Informationen zur wirtschaftlichen und finanziellen Lage von Großdorf
- Information zur Bedeutung von Wald- und Feuchtgebieten
- Lokale Zeitungsartikel zum Naherholungsraum und zur Verkehrsbelastung

Der Ablaufplan eines Planspiels könnte also die folgenden Elemente enthalten:

Einführung ins Spiel ➡ Beschaffen von Informationen und Lesen der Anleitungen ➡ Absprachen über eigenen Standpunkt und Lösungsstrategie ➡ Kontakt und Verhandlungen mit anderen Gruppen ➡ Vorbereitung auf die Konferenz ➡ Durchführung der Konferenz aller Gruppen ➡ Auswertung des Planspiels.
*(Hier kann nur eine Skizze wiedergegeben werden, da das Material für ein Planspiel oft über 10 Seiten umfasst.)*

## Übung zu 7.6:

Auf dem Markt gibt es eine Reihe von vorgefertigten Planspielen (Planspiel Börse, Planspiel 3. Welt, usw.).
Nachdem man etwas Erfahrung im Umgang mit der Planspielmethode gemacht hat, sollte man selbst eigene Planspiele konzipieren und ausprobieren.
(Lit.: Taylor/Walford: Simulationsspiele im Unterricht, Ravensburg 1972; – Heinz Klippert: Planspiele, Weinheim 1996; – Tiemann: Planspiele für die Schule, Frankfurt/M. 1969)

# INFORMATIONSVERARBEITUNG

## Protokolle – Verlaufsprotokoll – Wortlautprotokoll

*Hinweise zum Einsatz:*
*Im Fach Deutsch des Jg. 9/10 ist das Protokollieren fester Bestandteil des Lehrplans. Andere Fächer bauen auf dieser Einführung auf.*

Baustein 8.4

## Information:

In einem Gespräch wird oft eine Menge von Informationen ausgetauscht, werden Überlegungen angestellt und Meinungen geäußert. Gespräche dienen aber auch dazu, zu einer Übereinstimmung zu kommen und zu einer Entscheidung. Von Gesprächen, die einen gewissen Öffentlichkeitscharakter haben (Konferenzen, SV-Sitzungen, etc.) und auf deren Inhalte man später zurückkommen will, wird oft ein Protokoll angefertigt. Damit sind Thema, Verlauf und Ergebnis jederzeit nachschlagbar. Ein Protokoll wird in der Regel auf der nächsten Sitzung vorgelesen – evtl. werden noch Korrekturen angebracht – und dann genehmigt. Für die Abfassung eines Protokolls ist es hilfreich, wenn zwei Personen ein Protokoll schreiben. Man kann sich dadurch gegenseitig ergänzen und bei der Formulierung helfen. Je nach Zweck wird man ein Protokoll in seiner Form anpassen.
Man unterscheidet: Verlaufsprotokoll, Wortlautprotokoll, Ergebnisprotokoll und Gedächtnisprotokoll.

## Anleitung:

Ein **Verlaufsprotokoll** gibt den inhaltlichen Verlauf mehr oder weniger ausführlich wieder. Wenn du ein solches Protokoll schreibst, dann hast du den Verlauf einer Diskussion im Auge und beziehst die folgenden Fragen mit ein:

- Wann, wo, wer, warum traf man sich zum Gespräch? Wer ist der Protokollant? Wer war abwesend? – All das gehört zum **Kopf** eines Protokolls.
- Wie wurde das Thema eingeleitet?
- Wie wurde diskutiert?
- Welches waren die Hauptargumente und in welcher Reihenfolge wurden sie vorgebracht?
- Wurde in der Diskussion vom Thema abgewichen?
- Welche Anträge wurden zur Abstimmung gestellt?
- Wie wurde abgestimmt?
- Was war das Ergebnis der Diskussion?
- Wie wurde die Diskussion beendet?

Ein Verlaufsprotokoll kannst du ebenso benutzen, wenn du die Besichtigung eines Betriebes oder einer Anlage wiedergeben willst.
Das **Wortlautprotokoll** geht über das Verlaufsprotokoll hinaus. Wie die Bezeichnung schon nahe legt, ist das Ziel bei dieser Protokollart, möglichst den ganzen Wortlaut eines jeden Redebeitrages wiederzugeben. Im Bundestag werden z. B. Protokolle in dieser Art angefertigt, damit man jede Sitzung bis ins Detail nachvollziehen kann. Für ein Wortlautprotokoll musst du entweder sehr schnell schreiben können (Stenografie) oder die einzelnen Beiträge von Tonträgern (Kassettenrecordern) übertragen.

## Übung zu 8.4:

Hier ist das Wortlautprotkoll einer SV-Sitzung zum Thema „Sollte man die Raucherecke nicht lieber abschaffen?" wiedergegeben.
Formuliere daraus ein Verlaufsprotokoll.

Aus der Diskussion über die Raucherecke:
*Miriam (9. Klasse):* Ihr werdet jetzt sicher gleich ‚Buhhh' rufen, aber wenn man auf's Schulgelände kommt, dann ist die Raucherecke mit ihren vielen Kippen kein schönes Aushängeschild für unsere Schule.
*Klaus (6. Klasse):* Nicht nur die Kippen. Die Großen rauchen ja schon fast überall auf dem Osthof. Da kann man gar nicht mehr spielen und auf dem Westhof wird es viel zu eng.
*Maria (10. Klasse):* Als ob ihr Kleinen nicht auch rauchen würdet! Neulich hab ich wieder einen von euch im Klo rauchend gesehen.
*Klaus (6. Klasse):* Da gibt's aber nur ganz wenige. Alle anderen wollen eben sich in der Pause richtig austoben! Es sind eh kaum Spielgeräte für uns da und dann qualmt ihr noch den halben Hof zu.
*Eva (9. Klasse):* Was spricht denn gegen die Raucherecke? Die haben wir nun doch schon, seit ich an der Schule bin.
*Paul (12. Klasse/Schulsprecher):* Also uns liegt von der Schulkonferenz eine Beschwerde vor. Die Raucherecke werde unzulässig ausgedehnt, und die Nachbarn wie auch die Hausmeister beschweren sich über die Kippen. Wir sollen eine Stellungnahme abgeben, wie wir zu dem Problem stehen.
*Klaus (11. Klasse):* Also, die Raucherecke lasse ich mir nicht nehmen. Ich brauche nach zwei Stunden einfach meine Flumme, sonst kannst du mich wegschmeißen. Wenn sie die dicht machen, dann muss ich mir eine andere Schule suchen!
(allgemeines Gemurmel: Zustimmung?)
*Eva (9. Klasse):* Das mit den Kippen sehe ich ja ein, das sieht wirklich nicht gut aus und die Kehrmaschine vom Hausmeister packt's eben nicht auf dem Boden. Lasst uns da eben einige große Sandkübel aufstellen, und wir Raucher bemühen uns die Kippen da rein zu schmeißen.
*Tobias (10. Klasse):* In der offiziellen Raucherecke kann man ja auch nur rumstehen. – Keine Bank, kein Podest, nix da. Kein Wunder, dass die Raucher weiter laufen und da rauchen, wo sie sich auch gemütlich hinsetzen können. Und bei Regenwetter ist es noch schlimmer. Wer will denn sich schon in den Regen stellen und vielleicht unterm Regenschirm rauchen. Wenn wir eine vernünftige Raucherecke hätten, gäb's sicher auch nicht so viel Ärger.
(Zustimmendes Gemurmel)
*Sonja (7. Klasse):* Aber wir wollen auch Bänke haben, die könnt ihr nicht einfach in eure Raucherecke schleppen.
*Miriam (9. Klasse):* Dann sollen die Raucher doch mal einen Plan machen, wie sie sich ihre Raucherecke vorstellen, damit sie die dann auch einhalten.
(Durcheinander von zustimmenden Rufen.)
*Paul (12. Klasse):* Tobias und Miriam, das sind gute Vorschläge, die uns weiter bringen können. Also: Wer will an einem Plan für die Raucherecke mitarbeiten? Hand hoch! – Tobias; Eva; Maria; o. k., ich mach auch noch mit. Wir treffen uns am Donnerstag nach der 5. zur ersten Sitzung im SV-Raum. Klar?

# INFORMATIONSVERARBEITUNG

## *Protokolle – Ergebnisprotokoll*

*Hinweise zum Einsatz:*
*Im Fach Deutsch des Jg. 9/10 ist das Protokollieren fester Bestandteil des Lehrplans. Andere Fächer bauen auf dieser Einführung auf.*

Baustein 8.5

## Information:

In einem Gespräch wird oft eine Menge von Informationen ausgetauscht, werden Überlegungen angestellt, Meinungen geäußert. Gespräche dienen aber auch dazu, zu einer Übereinstimmung zu kommen und zu einer Entscheidung. Von Gesprächen, die einen gewissen Öffentlichkeitscharakter haben (Konferenzen, SV-Sitzungen, usw.) und auf deren Inhalte man später zurückkommen will, wird oft ein Protokoll angefertigt. Damit sind Thema, Verlauf und Ergebnis jederzeit nachschlagbar. Ein Protokoll wird in der Regel auf der nächsten Sitzung vorgelesen – evtl. werden noch Korrekturen angebracht – und dann genehmigt.
Für die Abfassung eines Protokolls ist es hilfreich, wenn zwei Personen ein Protokoll schreiben. Man kann sich dadurch gegenseitig ergänzen und bei der Formulierung helfen.
Je nach Zweck wird man ein Protokoll in seiner Form anpassen.
Man unterscheidet: Verlaufsprotokoll, Wortlautprotokoll, Ergebnisprotokoll und Gedächtnisprotokoll.

## Anleitung:

Ein **Ergebnisprotokoll** orientiert sich nicht an den Argumenten, Meinungen und einzelnen Wortäußerungen, sondern hauptsächlich an den Ergebnissen. Diese Protokollart ist nicht nur für den schulischen Bereich die effektivste Art, da sie mit relativ wenig Arbeitsaufwand verbunden ist und andererseits eine Menge an Informationen beinhaltet, auf die man später wieder zurückgreifen kann.

**Bei der Anfertigung von Ergebnisprotokollen kannst du dich von den folgenden Fragen leiten lassen:**

- Wann, wo, wer, warum traf man sich zu einem Gespräch? Wer war Protokollant? Das alles muss in den **Kopf** des Protokolls.
- Was waren die Themen, die Tagesordnungspunkte (TOPs)?
- Welche Informationen wurden weitergegeben?
- Was wurde beantragt?
- Was wurde beschlossen?
- Mit welchen Mehrheiten kamen die Beschlüsse zustande?

**In ein Ergebnisprotokoll gehört nicht:**

- wer genau was gesagt hat,
- persönliche Meinungen und Kommentare,
- Anmerkungen des Protokollanten.

Versuche bei der Abfassung des Protokolls möglichst knapp zu formulieren, andererseits aber auch klar, damit es später nicht zu Missverständnissen kommen kann.

# Übung zu 8.5:

1) Hier kannst du den Entwurf eines Ergebnisprotokolls einer SV-Sitzung lesen. Überarbeite dieses unter den oben genannten Gesichtspunkten.

Ergebnisprotokoll der SV-Sitzung vom 18.10. Ort: R 103 Zeit: 12:15–14:30 (Stöhn)
Anwesend: siehe Liste TO: liegt bei Protokoll: Karsten Beckmann (9c), Rosa Salle (9a)

TOP 1
Das Protokoll der Sitzung vom 3.8. wurde nach einer kleinen Beanstandung korrigiert. Die Cola ist nämlich gar nicht teurer geworden. Das galt nur für den Kiosk über der Straße. Der Rest war o. k.

TOP 2
Wir sprachen über den Raucherhof. Es waren Einwände gekommen, weil zu groß und zu viel Dreck. Da prallten die Meinungen hart aufeinander. Jetzt wollen sich einige zusammensetzen und mal einen Plan machen.

TOP 3
Schon bei der letzten Sitzung hatte das SV-Team Material zum Thema „Zeitweilig getrennter Unterricht von Jungen und Mädchen in den naturwissenschaftlichen Fächern" verteilt. Das haben wir uns alle vorher durchgelesen. In der Diskussion wurde eine Menge dafür und dagegen angeführt. Darüber wird ein gesonderter Bericht angefertigt. Die Diskussion endete mit folgenden Beschlüssen:

- SV beantragt das Thema bei der nächsten Gesamtkonferenz mit den Lehrern zu besprechen.
- Auf der Konferenz will der Schulsprecher darum bitten, dass eine Vollversammlung unter allen Schülern (ach ja: und auch Schülerinnen) zu dem Thema abgehalten wird. Dabei sollen kurze Statements für und gegen abgegeben werden, danach eine Podiumsdiskussion.
- Die Klassensprecher sollen das Thema in den einzelnen Klassen zur Sprache bringen.

TOP 4
Fiel aus, es hatte keiner mehr Lust weiter zu diskutieren. Es war schon 14:30 Uhr. Viel zu spät! Die Punkte werden, soweit gewünscht, in der nächsten Sitzung (2.11.) nachgeholt.

2) Als weiteres Beispiel findest du das Protokoll einer Vereinsvorstandssitzung in tabellarischer Form. Beurteile, inwieweit es den Anforderungen eines Ergebnisprotokolls genügt.

| **TUS Hochstadt** | **VST-Sitzungsprotokoll Nr. 10** | **vom 6.10.99** |
|---|---|---|
| | **Teilnehmer:** (s. beigefügte Liste)<br>**Beginn:** 20:00 Uhr **Ende:** 23:00 Uhr<br>**Besprechungspunkte, Beschlüsse, Aktionen, Erläuterungen** | **zu erledigen/ erledigt von** |
| **TOP 1** | **Wechsel der Versicherungsvertretung / Anzeige im Vereinsheft 2000**<br>Unter TOP 2 des VST-Sitzungsprotokolls Nr. 5 vom 5.5.99 wurde vermerkt, dass Robert Meier aus den Diensten der Versicherungsgesellschaft zum 30.4. ausgeschieden ist. Sein Nachfolger, Klaus Schmitt, hat sich am heutigen Tage vorgestellt. Gleichzeitig hat er sich bereit erklärt, eine Anzeige im Vereinsheft 2000 zu veröffentlichen. Ein Anzeigenbrief mit Rückantwort gemäß der Anzeigenkampagne soll ihm übersandt werden. | H. Eichberg |
| **TOP 2** | **Kursgebühren für Fachübungsleiter/Lizenzanerkennung**<br>Mit Schreiben vom 15.9.99 teilt der Sportverband Baden-Württemberg mit, dass er künftig die Kursgebühren zum Fachübungsleiter den betreffenden Vereinen in Rechnung stellen wird. | H. Hinninger<br>H. Falke<br>H. Keller |
| **TOP 3** | **Investitionszuschüsse**<br>Mit Schreiben vom 15.9.99 teilt uns J. Niemann vom Landesverband mit, dass ein neues Antragsverfahren für Investitionszuschüsse eingeführt wurde. Die alten Anträge, über die noch nicht beschlossen wurde, sind nochmals in der neuen Form einzureichen. | H. Keller |
| **TOP 4** | **Organisation / Durchführung des Herbstfestes**<br>Wie jedes Jahr wird auch diesmal die Gymnastikgruppe die Bewirtschaftung übernehmen, die Mountainbiker werden für eine musikalische Unterhaltung sorgen. Einstimmig wurde beschlossen, dass die Kosten für die Musiker € 400,– nicht übersteigen dürfen. Die Jugendgruppe wird mit einigen Darbietungen unter Leitung von Frau Siedler für Abwechslung an dem Abend sorgen. | |
| | gez. Heiner Jarot (2. Vorsitzender) gez. H. Eichberg (Schriftführer) | |

# INFORMATIONSVERARBEITUNG

## Protokolle – Gedächtnisprotokoll

*Hinweise zum Einsatz:*
*Im Fach Deutsch des Jg. 9/10 ist das Protokollieren fester Bestandteil des Lehrplans. Andere Fächer bauen auf dieser Einführung auf.*

Baustein 8.6

## Information:

In einem Gespräch wird oft eine Menge von Informationen ausgetauscht, Überlegungen werden angestellt, Meinungen geäußert. Gespräche dienen aber auch dazu, zu einer Übereinstimmung zu kommen, zu einer Entscheidung, zu einer Abstimmung. Von Gesprächen, die einen gewissen Öffentlichkeitscharakter haben (Konferenzen, SV-Sitzungen, usw.) und auf deren Inhalte man später zurückkommen will, wird oft ein Protokoll angefertigt. Damit sind Thema, Verlauf und Ergebnis jederzeit nachschlagbar. Ein Protokoll wird in der Regel auf der nächsten Sitzung vorgelesen – evtl. werden noch Korrekturen angebracht – und dann genehmigt. Für die Abfassung eines Protokolls ist es hilfreich, wenn zwei Personen ein Protokoll schreiben. Man kann sich dadurch gegenseitig ergänzen und bei der Formulierung helfen.
Je nach Zweck wird man ein Protokoll in seiner Form anpassen.
Man unterscheidet: Verlaufsprotokoll, Wortlautprotokoll, Ergebnisprotokoll und Gedächtnisprotokoll.

## Anleitung:

Wurde bei einem Gespräch kein Protokollant bestimmt und dir erscheint das Gespräch am Ende doch so wichtig, dann kannst du ein **Gedächtnisprotokoll** anfertigen. Vielleicht willst du dir von einer Sitzung aber auch lieber selbst etwas aufschreiben, wenn du dich nicht alleine auf den Protokollanten verlassen willst.
Ein Gedächtnisprotokoll ist besser als gar keine Notizen zu haben – aber dir sollte klar sein, dass der Wahrheitsgehalt eines Gedächtnisprotokolls weit hinter dem eines Verlaufs- oder Ergebnisprotokolls hinterherhinkt. Subjektive Eindrücke, persönlich gefärbte Erinnerungen und eventuell auch eine gewisse Unvollständigkeit schmälern seinen Wert – aber wie gesagt: ein Gedächtnisprotokoll ist besser als gar keine Aufzeichnung.

Hier einige Punkte, auf die du beim Anfertigen eines Gedächtnisprotokolls achten solltest:

- Schreibe das Gedächtnisprotokoll gleich im Anschluss an das Gespräch bzw. die Sitzung, dann sind deine Erinnerungen noch frisch.
- Versuche dich am Verlauf des Gespräches zu orientieren, damit das Protokoll eine Struktur bekommt und du weniger Punkte vergisst.
- Sind dir einige Wortbeiträge wichtig und noch im Ohr, formuliere: „xyz sagte sinngemäß, dass …" und drücke damit klar aus, dass du diesen Abschnitt deines Protokolls so gut, wie du dich erinnern kannst, wiedergegeben hast.
- Mache auch deutlich, an welche Passagen du dich nicht mehr so genau erinnern kannst.

Persönliche Eindrücke, Empfindungen usw. können nur für dich als Erinnerungsstütze nützlich sein, für Außenstehende sind solche Anmerkungen fehl am Platz.

# Übung zu 8.6:

1) Fertige ein Gedächtnisprotokoll der letzten Sozialkundestunde an.

2) Erinnere dich an dein letztes Gespräch mit deiner Freundin / deinem Freund und notiere dir dazu ein Gedächtnisprotokoll. Lass dann deine Freundin / deinen Freund einen Kommentar dazu abgeben, inwieweit deine Aufzeichnungen zutreffen.

3) Du kennst sicher solche Situationen: Du stehst an einer Kreuzung und willst die Straße überqueren. Du beobachtest, wie ein Auto beim Abbiegen einen Radfahrer bedrängt und es fast zu einem Unfall kommt.

   Fertige von einer ähnlichen Situation im Straßenverkehr, die du beobachtest, ein Gedächtnisprotokoll an, sodass du dieses auch bei einer Zeugenaussage verwenden könntest.

# INFORMATIONSVERARBEITUNG

## Protokolle – Wochen-, Monatsbericht

*Hinweise zum Einsatz:*
*Im Fach Deutsch des Jg. 9/10 ist das Protokollieren fester Bestandteil des Lehrplans. Bei Projekten und Praktika wird man diese Protokollart sicherlich anwenden.*

Baustein 8.7

## Information:

Mit einem Wochen- oder Monatsbericht dokumentiert man einen längeren Entwicklungsabschnitt. Du wirst sicherlich einen Wochen- oder Monatsbericht im Verlauf von Projekten oder von Praktika anfertigen müssen. Es ist nicht das Ziel einen exakten Verlauf in allen Einzelheiten wiederzugeben wie etwa bei einem Verlaufsprotokoll (siehe Baustein 8.4). Es kommt vielmehr nur auf den „Roten Faden" an. Mit einem Wochen- oder Monatsbericht hast du also die Aufgabe, das Wesentliche vom Unwesentlichen im Hinblick auf den Prozess und das Ziel zu unterscheiden und dann aufzuschreiben. Bei dieser Darstellung soll ein außenstehender Leser den Verlauf, den Gedankengang und die Entwicklungsstufen nachvollziehen können.

## Anleitung:

Du kannst dir die Arbeit für einen Wochen- oder Monatsbericht erleichtern, wenn du dich an die folgenden Regeln hältst:

1) **Mach** dir über den zu berichtenden Zeitraum **jeden Tag Notizen**, die den Verlauf, den Inhalt und die Besonderheiten wiedergeben.

2) Arbeite aus deinen Notizen am Ende des Berichtszeitraumes den **„Roten Faden"** heraus. Bei einem Monatsbericht empfiehlt es sich nach ca. 14 Tagen schon eine erste Zusammenfassung zu erstellen.

3) **Gliedere den Bericht** in sinnvolle Abschnitte, sodass der Verlauf deutlich wird. Hier kann der zeitliche Ablauf als Struktur dienen (du kannst aber auch einzelne Aspekte getrennt über den Zeitraum darstellen).

4) Formuliere dann einen **fortlaufenden Text** zu den einzelnen Gliederungspunkten. Stelle in einer Einleitung die Ausgangssituation dar, am Ende dann den aktuellen Entwicklungsstand. Mach die Veränderungen zusammenfassend deutlich und erwähne die noch offenen Fragen des Projekts, das weitere Vorgehen, geplante Vorhaben und dergleichen.

5) Für ein längeres Praktikum in einem Betrieb, in dem **gleiche Strukturen** immer wieder vorkommen, empfiehlt es sich ein strukturiertes Protokollblatt anzufertigen. In dieses lassen sich dann die Tätigkeiten und Ereignisse leicht eintragen, ohne dass man Gefahr läuft, etwas zu vergessen.

# Übung zu 8.7:

1) Erstelle einen Bericht über
   - eine mehrtägige Klassenfahrt,
   - ein längeres Unterrichtsprojekt,
   - die SV-Arbeit während eines Monats.

2) Beurteile den folgenden Auszug aus einem Ausbildungsbericht:

Florenz, Ponte Vecchio

**Wichtiger Hinweis: Ohne ordnungsgemäße Führung des Ausbildungsnachweises kann keine Prüfungszulassung erfolgen. Ihr Ausbildungsberater bei der IHK informiert.**

Name: Anita Gaßmann
Ausbildungsabteilung: Augenzauber

**Ausbildungsnachweis** Nummer: Ausbildungswoche vom/bis: 10.7. – 14.7.00 Ausbildungs-Jahr: 3

**Aussagefähige, umfangreiche Angaben in Stichworten erforderlich.**

Die ergänzende **Checkliste** ist Bestandteil dieses Nachweises

**A) Betriebliche Tätigkeit**

Computer angemeldet
Kundenaufträge in den Computer eingegeben
Brillen gerichtet, sauber gemacht, Gläser eingesetzt, Bügel ersetzt.
Gläser ausgepackt, kontrolliert und in die Kundenkarteien absortiert
Gläser angezeichnet, aufgeblockt und geschliffen
Kunden beraten, Brillen zur Ansicht bestellt, eine Sonnenbrille verkauft.
Reparaturen angenommen
Brillen abgetastet, bei der Dekoration geholfen, Brillen rausgelegt + Handelsware
Kontaktlinsenpflegemittel verkauft, aufgeräumt
Brillen eingeschickt zur Reklamation, Brillen ausgezeichnet

**B) Unterweisungen C) Lehrgespräche D) betrieblicher Unterricht E) Sonstige Ausbildungsveranstaltungen**

Bifokalbrillen/Gläser durchgenommen, angezeichnet, aufgeblockt + geschliffen.

**F) Berufsschule** 13.07.00 Donnerstag

| Unterrichtsfächer | Unterrichtsthemen | Einzelstunden | Arbeit geschrieben |
|---|---|---|---|
| | Ausweise, TP-kalender, PkW-Anträge | 1 | |
| AO | Abgabefähigkeit bei dez. torischen Gläsern | 1 | |
| AO | Ruhelage der FL, Zustand Orthophorie | 1 | |
| AO | Aufhebung Fusionszwanges, sensorische Fusion | 1 | |
| AO | Korrektur: NH-Stellen + Panum Bereich, monokular Tiefensehen. | 1 | |
| TW | Vollschnitt und Halbschnitt | 1 | |
| VWP | Gespräch über Schüleräußerungen | 1 | |
| Wi | Einflüsse auf die Höhe der Entlohnung | | |
| | Gesamtstunden | 2/10 | |

Datum und Unterschrift des Ausbildenden/Ausbilders

Datum und Unterschrift des Auszubildenden

RIECO-Vordruck AN RN Form 1 blau wöchentlich Blatt 3

# INFORMATIONSVERARBEITUNG

## Referat – Hausarbeit
## Themenfindung

*Hinweise zum Einsatz:*
*In den Sachkundefächern der Jg. 9/10 werden bevorzugt Referate verteilt. Hier sollte auch eine fundierte Anleitung zum Erstellen von Referaten stattfinden. Querverbindung zu 14.7.*

Baustein 9.1

## Information:

Im Allgemeinen wird für ein Referat oder eine Hausarbeit nur ein Arbeitsthema festgelegt (z. B.: Sport und Gewalt; Die Wiedervereinigung; Die Energiekrise; BSE – was tun? usw.). Dies ist ein Rahmen, ein thematischer Ausgangspunkt – das eigentliche Thema wird erst in deinem Kopf entstehen, wenn du für dich geklärt hast, wie du zu dem Thema stehst, welche Fragen du hast, was dich daran interessiert.
Damit du diesen Klärungsprozess sinnvoll zu strukturieren weißt, hier ein Schema als Anleitung.

## Anleitung:

Für jede Sacharbeit (wie auch für jede Gruppenarbeit) sind vier Aspekte wichtig, die du für dich klären solltest:

**Es-Aspekt**
- Worum geht es?
- Gibt es einen aktuellen Anlass?
- Wie wichtig ist die Sache?
- Was sollte man darüber wissen?
- Wie steht das Thema zum sonstigen Unterricht?

**Ich-Aspekt**
- Was interessiert mich besonders am Thema?
- Was weiß ich schon darüber?
- Was möchte ich selbst untersuchen und erforschen?
- Was möchte ich vermitteln und was darstellen?
- Was ist für mich die Herausforderung?

**Wir-Aspekt**
- Was könnte für die anderen von Interesse sein?
- Was wissen die anderen wohl schon über das Thema?
- Was erwarten meine Zuhörer/Leser von meinem Referat?
- Womit kann ich meine Zuhörer/Leser fesseln?

**Globaler Aspekt**

Welcher Rahmen (Zeit und Umfang) steht mir für das Referat zur Verfügung?
Welche Mittel (zur Information / zur Präsentation) stehen mir zur Verfügung?
Welche Informationsquellen sind gegeben, welche muss ich selbst suchen?
An welchen Zuhörerkreis richtet sich meine Arbeit?

Diese vier Aspekte basieren auf der Theorie der „Themenzentrierten Interaktion" (siehe Baustein 14.7) und werden üblicherweise durch ein Dreieck innerhalb eines Kreises dargestellt.

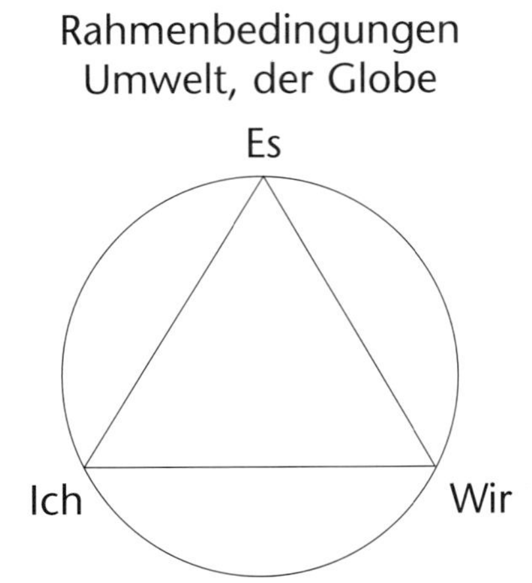


Nach dieser Klärung geht es an die Formulierung des Themas.
Mit deinem Thema willst du den potenziellen Zuhörer/Leser nicht nur informieren, sondern auch interessieren, möchtest ihn für dein Thema gewinnen.
Deshalb sollte das Thema

- einerseits **leicht verständlich**, andererseits aber auch **klar und genau formuliert** sein.
- **nicht zu speziell**, aber auch **nicht zu allgemein** formuliert sein.
- **Auskunft geben**, was du in der Arbeit klären willst und kannst.
- **keine Frage sein, die mit „Ja" oder „Nein" beantwortet werden kann.**

## Übung zu 9.1:

Hier findest du eine Menge von Aspekten zum Rahmenthema „Gewalt und Sport". Versuche mit dieser Anregung deine Stellung zum Rahmenthema zu klären und formuliere daraus ein eigenes Thema:

*Fans; Fußball-Rowdys; Hooligans; Fanclubs; Heim- und Auswärtsspiele; Lieder und Aktionen; Gewaltausübung vor, während und nach dem Spiel; Was ist Gewalt – Aggression? Ursachen, Beweggründe, sozio-ökonomische Hintergründe; Gewalt unter den Spielern; Rolle des Schiedsrichters; Rolle der Medien; Rolle der Trainer; Erwartungshaltung des Publikums; Gewalt bei verschiedenen Sportarten.*

Bild: dpa

Deutsche Hooligans verletzen bei der Fußballweltmeisterschaft 1998 einen französischen Polizisten schwer.

# INFORMATIONSVERARBEITUNG

## Referat – Hausarbeit
## Exposé erstellen

*Hinweise zum Einsatz:*
*In der Oberstufe sollten umfangreichere Hausarbeiten üblich sein – gerade als Vorbereitung zu Studienarbeiten für das Abitur. Ein Exposé erleichtert dem Schüler und dem Betreuer die Arbeit.*

Baustein 9.2

## Information:

Ein Exposé hat zweierlei Funktionen: einmal für den Schreiber selbst. Er/Sie kann dadurch sehen, ob das Ziel der Hausarbeit realistisch ist und ob die geplante Arbeit konzeptionelle Schwächen hat. Zum anderen dient ein Exposé dem Betreuer/der Betreuerin der Hausarbeit dazu, sich von Anfang an ein Bild von der geplanten Arbeit zu machen und so der Mitverantwortung gerecht zu werden.

## Anleitung:

Damit durch ein Exposé die oben genannten Ziele erreicht werden können, sollte es die nachfolgende Struktur haben, maximal 2 Seiten lang sein und folgende Punkte enthalten:

1) das Rahmenthema der Arbeit,
2) die ersten gedanklichen Erkundungen zum Thema (Cluster oder Mindmap),
3) darauf bezogen Ihre Fragestellungen, Hypothesen und der daraus resultierende Arbeitstitel für Ihre Arbeit,
4) Ihr geplantes methodisches Vorgehen – damit ist die Art Ihrer Arbeit gemeint (Literaturarbeit, empirische Arbeit, vergleichende Arbeit usw.) und das zugrunde gelegte Material (einschlägige Literatur, weitere Quellen wie TV-Mitschnitte, Rundfunkbeiträge, Videoproduktionen und dergleichen),
5) eine begründete und kommentierte erste Gliederung,
6) ein Zeitplan, der sich bis zur Reinschrift erstreckt,
7) eine Abgrenzung zu dem, was nicht behandelt werden soll.

# Übung zu 9.2:

1) Hier ist ein Exposé skizziert. Benutzen Sie es als Anregung und formulieren Sie es aus.

1) Rahmenthema: **Phänomen LICHT**
2) Cluster

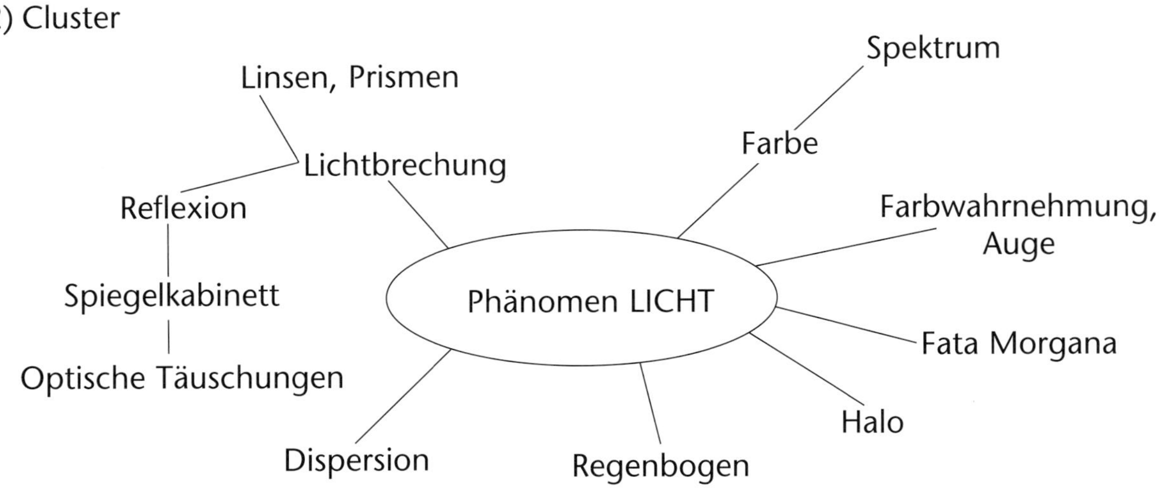


3) spektrale Phänomene waren zu allen Zeiten für Menschen faszinierend, besonders der Regenbogen. Wie entsteht dieser eigentlich?
Thema: **Der Regenbogen – Bedeutung und Erklärung im Wandel der Zeit**
4) Aufarbeitung von historischen Quellen und eigene Experimente zur physikalischen Erklärung des Phänomens.
5) Gliederung:
Einleitung
Kapitel 1: Regenbogen in historischen Texten:
(Bibel, Altertum, Mittelalter, …)
Kapitel 2: physikalisches Phänomen der Dispersion
Kapitel 3: eigene Versuche und Berechnungen
Kapitel 4: Erklärung des Regenbogens
Kapitel 5: emotionale Wirkung auf den heutigen Menschen
Fazit
6) Zeitplan:
2 Wochen für Materialsuche und -sichtung
1 Woche für Kapitel 1
2 Wochen für Kapitel 2–4
1 Woche für Kapitel 5
1 Woche für endgültige Formulierung
1 Woche für abschließende Überarbeitung
7) Nicht behandelt werden sollen:
die Wahrnehmung von Licht und Farbe; andere Licht-Wetter-Phänomene; Farbpsychologie und Farbtherapie.

2) Skizzieren Sie stichpunktartig den Aufbau eines Exposés am Beispiel des Rahmenthemas

*Faszination von optischen Naturphänomenen*

***Arbeitstitel:*** *Sonnenfinsternisse in Europa – Reaktionen und Aberglaube in vier Jahrhunderten*

# INFORMATIONSVERARBEITUNG

## Referat – Hausarbeit
## Arbeitsmappe anlegen

*Hinweise zum Einsatz:*
*In den Sachkundefächern der Jg. 9/10 werden bevorzugt Referate verteilt. Hier sollte auch eine fundierte Anleitung zum Erstellen von Referaten stattfinden.*

Baustein 9.3

## Information:

Um bei der Arbeit an einem Referat, einer Haus- oder Facharbeit den Überblick zu behalten, solltest du dir eine Arbeitsmappe anlegen – auch wenn du vieles mit einem PC schreiben wirst. Materialien, Kopien, Gedankenblätter, Argumentationsskizzen und vieles mehr fällt in Papierform an. Da benötigst du ein sinnvolles System, um all dies geordnet zu verwalten, um Tätigkeiten nicht doppelt machen zu müssen.

## Anleitung:

Die Mappe solltest du durch 10 oder mehr **Trennblätter** unterteilen und folgendermaßen einrichten:

1) Titelblatt
2) Inhaltsverzeichnis
3) Einleitung
4)–7) Hauptteil in einzelnen Kapiteln
8) Schlussteil
9) Fußnoten und Anhang
10) Literaturverzeichnis; Tabellen- und Abbildungsverzeichnis
11) Sammlung der Literaturauszüge

Hat dein Hauptteil weitere Kapitel, so ergänze durch neue Einschübe.

Mit dieser Systematik, die für fast jedes Thema passt, behältst du den **Überblick** über alle deine Aufzeichnungen und Materialien. Auch für die Arbeit am PC ist diese Einteilung in Ordner und Unterordner sinnvoll. Wenn du an deinem Text schreibst, solltest du immer mit **großem Zeilenabstand** und mit **ausreichend Rand** schreiben. So kannst du später beim Überarbeiten leichter Korrekturen und Ergänzungen anbringen.

Für deine Arbeit werden Literaturauszüge besonders wichtig werden. Zunächst dienen sie dir zur inhaltlichen Vertiefung in das Thema, dann wirst du die eine oder andere Passage gerne als Zitat oder als sinngemäße Wiedergabe in deine Arbeit mit aufnehmen. Unterscheide in deiner Arbeit genau zwischen Zitaten, Paraphrasen (sinngemäße Übernahme von Textstellen) und deinen eigenen Gedanken.
Häufen sich die Fundstellen, lohnt sich von Anfang an ein systematisches Arbeiten.

Mit Karteikarten im Format DIN A5 quer kannst du dir besonders effektiv **Literaturauszüge** erstellen. Teile dir dazu eine Karteikarte wie folgt ein:

| Titel, Autor, Fundstelle | | Ordnungs-stichwort |
|---|---|---|
| Schlagwort zum Text | Literaturauszug | Eigene Anmerkungen |

Auch wenn Textverarbeitungsprogramme deine Arbeit sehr unterstützen (Inhaltsverzeichnis erstellen, Fußnoten verwalten, Lay-out, Rechtschreib- und Grammatikprüfung und dergleichen) wirst du nicht ausschließlich am PC arbeiten, sondern vieles in gedruckter Form bearbeiten. Dafür sind diese Hilfestellungen gedacht.

## Übung zu 9.3:

1) Vielleicht hast du dich beim Baustein 9.1 mit dem Thema „Gewalt und Sport" bereits intensiver beschäftigt. Dann lege dir nun eine entsprechende Arbeitsmappe an, um ein Referat zu erstellen.
2) Hier ist ein Literaturauszug – leider etwas unvollständig. Vervollständige diesen.

| **Dr. T. Kastner<br>Gewalt unter Jugendlichen<br>In: Wirtschaftspiegel** | | |
|---|---|---|
| | *Gewalt ist also „in", Gewalt hat Konjunktur. Eine wissenschaftliche Studie der Universität München weist darauf hin, dass staatliche Gewalt kaum zum Erfolg führen wird. Für nötig gehalten werden Maßnahmen zur Beseitigung der gegenwärtigen sozialen Missstände, die ihre Ursachen in wachsender Arbeitslosigkeit und steigender Armut haben. Perspektivlosigkeit und Zukunftsangst machen böse und aggressiv. Jede Jugend zeigt der Gesellschaft das Bild ihrer eigenen Zukunft.* | |

# INFORMATIONSVERARBEITUNG

## Referat – Hausarbeit
## Checkliste

*Hinweise zum Einsatz:*
*In der Oberstufe sollten umfangreichere Hausarbeiten üblich sein – gerade als Vorbereitung zu Studienarbeiten für das Abitur. Eine Checkliste erleichtert dem Schüler und dem Betreuer die Arbeit.*

Baustein
9.4

## Information:

Durch ein Exposé und eine Arbeitsmappe (Bausteine 9.2 und 9.3) haben Sie schon einige Strukturierungshilfen kennen gelernt. Diese Checkliste soll Ihnen bei der inhaltlichen Arbeit an einem Referat, einer Haus- oder Facharbeit helfen und Ihnen die Sicherheit geben, wirklich auch an alles Notwendige gedacht zu haben.

## Anleitung:

**1) Titelblatt**
Entspricht der Titel der Aufgabenstellung?
Sind Angaben zum Verfasser / zur Verfasserin, Jahrgangsstufe und Datum vorhanden?
Ist alles übersichtlich angeordnet?

**2) Gliederung / Inhaltsverzeichnis**
Löst die Gliederung das Thema folgerichtig auf?
Ist ein „roter Faden" erkennbar?
Sind die Kapitel inhaltlich klar voneinander abgegrenzt?
Ist die Gliederung / das Inhaltsverzeichnis formal einheitlich?

**3) Einleitung**
Führt die Einleitung ins sachliche Zentrum der Arbeit?
Werden zentrale Absichten deutlich?
Verspricht die Einleitung nicht zu viel?
Wird die methodische Vorgehensweise erläutert?
Wird die Materialbasis benannt?

**4) Hauptteil mit Kapiteln und Unterkapiteln**

Beziehen sich die Darstellungen wirklich auf die Fragestellung?
Werden zentrale Begriffe definiert und Annahmen erläutert?
Sind die Annahmen, von denen Sie ausgehen, benannt und einleuchtend?
Ist die Gedankenfolge schlüssig?
Wird klar unterschieden zwischen
These und Argument,
Beschreibung und Wertung, Analyse und Beispiel,
Interpretation und Datenmaterial, ...?
Sind grafische Elemente genutzt und funktional eingesetzt?
Ist die Sprache anschaulich und unzweideutig?
Sind Fachbegriffe richtig verwendet?
Stimmen Grammatik, Rechtschreibung und Zeichensetzung?
Ist das Lay-out angemessen?

**5) Schlussteil**

Wird das Wichtige noch einmal auf den Punkt gebracht?
Ist ein kritischer Bezug zur Einleitung vorhanden?
Ist eine eigene Stellungnahme ersichtlich?

**6) Fußnoten**

Ist fremdes Gedankengut deutlich als solches herausgestellt?
Sind zitierte Abschnitte in Anführungsstrichen und buchstabengetreu?
Sind die Quellenangaben korrekt und einheitlich gemacht?

**7) Literaturverzeichnis**

Ist das Verzeichnis vollständig?
Hat das Verzeichnis eine einheitliche Ordnung?
Sind Tabellen und Abbildungen verzeichnet?

## Übung zu 9.4:

Suchen Sie für das Zitieren Beispiele in Ihnen bekannten Büchern und vergleichen Sie diese Zitate mit den folgenden Hinweisen:

**Richtiges Zitieren:**

Jeder fremde Text wird zwischen „..." gesetzt, ein Zitat im Zitat steht zwischen ‚...'.
Für die Quellenangabe gibt es mehrere Möglichkeiten:

a) mit fortlaufender hochgestellter Ziffer (Fußnote) am Ende des Zitats; die Fußnote enthält dann Hinweise auf die Literaturliste.
b) im Text integriert, indem man den Verfasser, das Erscheinungsjahr und die Seite in Klammern dahinter setzt, wodurch ein Hinweis auf die Literaturliste gegeben ist.

**Literatur richtig auflisten:**

a) Buch von einem Autor:
*„Vorname, Nachname, Titel, ggf. mit Untertitel, Erscheinungsort, Jahr."*
b) Einzelbeitrag in einem Sammelband eines Herausgebers:
*„Vorname, Nachname, Titel des Einzelbeitrags", in: „Name d. Herausgebers (Hg. oder Hrsg.), Titel des Buches, Erscheinungsort, Jahr, Seitenangabe."*
c) Aufsatz in einer Zeitschrift:
*„Vorname, Nachname, Titel des Aufsatzes", in: „Titel der Zeitschrift, Jahrgang, Heft, Erscheinungsjahr, Seitenangabe."*

Im angelsächsischen Sprachraum wird auch häufig noch der Verlag angegeben.

# INFORMATIONSVERARBEITUNG

## Referat – Hausarbeit
## Referat halten

*Hinweise zum Einsatz:*
*In den Sachkundefächern der Jg. 9/10 werden bevorzugt Referate verteilt. Hier sollte eine fundierte Anleitung zum Halten von Referaten stattfinden. Querverweis zu Visualisierungsbausteinen.*

Baustein 9.5

## Information:

Wenn dir der Inhalt eines Referates klar ist und du die Kernaussagen klar im Kopf hast, beginnt die Arbeit, das Referat in eine Form zu bringen, die auf deine Zuhörerschaft zugeschnitten ist. Du willst ja mit deinem Referat in den Köpfen deiner Zuhörer etwas erreichen und nicht nur eine lästige Pflichtübung ablegen. Dazu können dir die folgenden Strukturelemente eine Hilfe sein.

## Anleitung:

### 1) Einleitung

Damit willst du die Neugier und die Aufmerksamkeit der Zuhörer wecken. Das gelingt dir beispielsweise durch eine themenorientierte, verblüffende Frage, die nach genauso verblüffenden Antworten verlangt. Vielleicht stellst du aber auch ein erstaunliches Ergebnis deiner Arbeit gleich an den Anfang. Eine kurze „exotische" Episode, die auf das Thema führt, kann ebenso die Zuhörer in deinen Bann ziehen.

### 2) Hauptteil

Da die Zuhörer sich längst nicht so intensiv mit der Thematik auseinander gesetzt haben wie du, brauchen sie eine Struktur, um deinen Ausführungen zu folgen. Nenne also die Gliederung des Hauptteils, die Ziele, die Schritte, die Teilaspekte. Nimm auch gelegentlich während des Vortrags auf diese Gliederung Bezug und zeige, wo du dich gerade befindest.

### 3) Schluss

Er bietet Möglichkeiten für Rückverweise auf die Einleitung und dient zur Wiederholung und Pointierung der wichtigsten Ergebnisse des Hauptteils. Eine eigene Stellungnahme, deine persönliche Einschätzung zum Problem sollte auch nicht fehlen. Erwähne auch noch das, was das Referat nicht beantworten konnte, welche Fragen noch offen geblieben sind.

### 4) Allgemeine Tipps zum Halten eines Referates:

- Sprich langsam – noch langsamer, als du eigentlich sprechen willst.
- Zuhörer brauchen Zeit, um deinen Gedanken zu folgen. Gönne ihnen kleine Pausen.
- Bilde die Sätze während des Sprechens. Nicht Ablesen. Dein Manuskript enthält nur Stichworte und zeigt dir den roten Faden.
- Halte Blickkontakt zu den Zuhörern.
- Vergewissere dich, dass dir die verwendeten Fachbegriffe völlig klar sind. Erläutere der Zuhörerschaft unbekannte Begriffe.
- Sei vorher im Raum und richte alle Materialien her, die du benötigst.

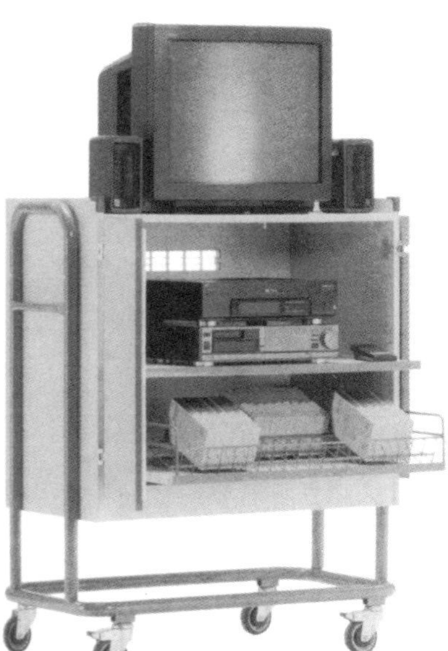

**Allgemeine Tipps zum Medieneinsatz:**

- Die Zuhörer nehmen $\frac{3}{4}$ der Information über die Augen auf, $\frac{1}{4}$ nur über das Ohr.
- Frage dich bei jedem Medieneinsatz, ob dieser für das Ziel deines Referates dienlich ist.
- Benutze **optische Informationsträger** wie Tabellen, Diagramme, Modelle, um deine Worte zu unterstreichen und den Inhalt länger präsent zu haben.
- Benutze den **Tageslichtprojektor** mit gut gestalteten Folien, die nach und nach aufgedeckt werden können. Erschlage andererseits Zuhörer nicht mit einer Flut davon. Wenige und klare Sätze sind besser als zu viel Information auf einer Folie.
- **Prüfe einen Tafeleinsatz sehr kritisch**, denn das Anschreiben braucht Zeit und du verlierst den Blickkontakt zu den Zuhörern.
- Möchtest du auf Details deiner Projektionen oder Karten hinweisen, bediene dich am besten eines **Laser-Pointers**.
- Bedenke auch den Einsatz eines Videobeamers, durch den du Folien, Computersimulationen, Videosequenzen usw. präsentieren kannst.
- Möchtest du dein Referat als Bildschirmpräsentation gestalten? Einschlägige Software unterstützt dich bei der Erstellung von visuellen und auditiven Elementen.
- Bereite ein Hand-out bzw. ein Thesenpapier vor mit einer Zusammenfassung der wichtigsten Aussagen deines Referats und verteile es erst am Ende.
  Ausnahme: Es ist nur sinnvoll dieses am Anfang zu verteilen, wenn du während deines Referats darauf Bezug nehmen willst und es also unbedingt notwendig ist.

# INFORMATIONSVERARBEITUNG

## Referat – Hausarbeit
## Planung einer Forschungsarbeit

*Hinweise zum Einsatz:*
*In der Oberstufe werden für das Abitur immer häufiger Studienarbeiten gewählt, die einen eigenen Forschungsschwerpunkt beinhalten. Querverweis zu Baustein 9.1 und 1.12.*

Baustein 9.6

## Information:

Forschungsprojekte im (nicht nur naturwissenschaftlichen) Unterricht bieten die Chance, eigenen Fragestellungen nachzugehen und Schwerpunkte zu setzen. Bevor man allerdings drauf los experimentiert, muss man sich klar werden, was und wie untersucht werden soll und wie man sich die Auswertung vorstellt. Versuchen Sie auf keinen Fall Daten zu sammeln, bevor Sie sich nicht genau darüber im Klaren sind, welche Fragen Sie damit beantworten wollen und nach welcher Methode Sie die Daten analysieren wollen.
Die folgenden Arbeitsschritte sollen Sie bei Ihrer Forschungsarbeit anleiten. Ein Beispiel aus den Naturwissenschaften wird das allgemeine Konzept präzisieren.

| Anleitung: | Beispiel in Stichpunkten: |
|---|---|
| **1) Fragestellung finden.**<br>D. h. Sie müssen das Problem klar benennen und umreißen und sich die zu klärenden Fragen stellen (siehe Baustein 9.1 und 1.12). | *Kohlensäureblasen steigen in Sekt, Bier oder Limonade oft in „Ketten" auf. Wie sieht der Bewegungsverlauf aus?* |
| **2) Fragen präzisieren.**<br>Die Fragen müssen nun so präzisiert werden, dass sie später durch Versuch und Beobachtung, Messung und Analyse beantwortet werden können. | *In welcher Zeit legt eine einzelne Blase eine gewisse Strecke zurück? Wie verändert sich die Geschwindigkeit im Laufe der Zeit, bis die Blase oben ankommt?* 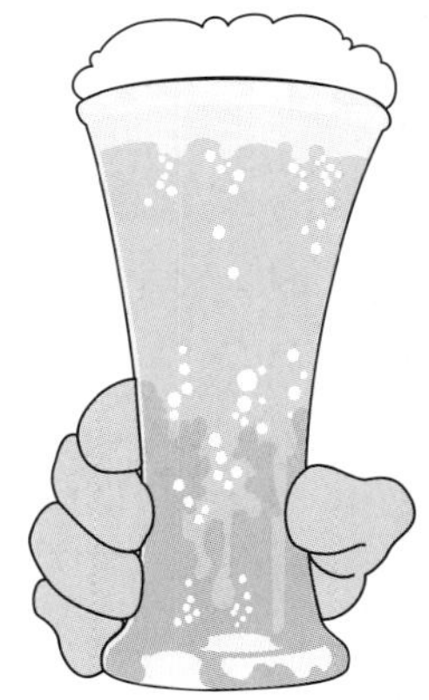 |
| **3) Untersuchungshypothesen aufstellen.**<br>Die konkretisierten Fragen führen zu einer Vermutung über Art und Größen, die das Problem beeinflussen. Diese Hypothesen werden exakt formuliert und dienen zur Planung der Versuche. | *Da die Abstände entlang der „Kette" immer größer werden, wird eine konstante Beschleunigung vermutet.* |

**4) Untersuchungsart auswählen.**
Nun müssen Sie sich entscheiden, welche Art von Untersuchung Sie machen möchten:
ein (künstliches) Experiment im Labor oder Beobachtungen in der freien Natur ohne Eingriffe von außen?

*Sekt oder Bier in einem geradwandigen Gefäß (sonst opt. Verzerrung) wird mit fotometrischen Mitteln aufgenommen, sodass Zeit und Weg gemessen werden können.*

**5) Wie messen und beobachten?**
Nachdem nun geklärt ist, welche Größen man untersuchen will, muss nun jedes einzelne Mess- und Beobachtungsverfahren detailliert geklärt werden. Dazu gehören auch die Fragen, welche Versuchsreihen wann, in welcher Reihenfolge und mit wie viel Wiederholungen durchgeführt werden sollen.

*Es werden Fotografien der Blasenketten mit unterschiedlichen Belichtungszeiten (von ½ s bis 1/500 s) erstellt mit jeweils 5 Wiederholungen. Die Blasen erscheinen dann als mehr oder weniger längliche Striche, die Auskunft über die zurückgelegte Strecke während der Belichtungszeit geben.*

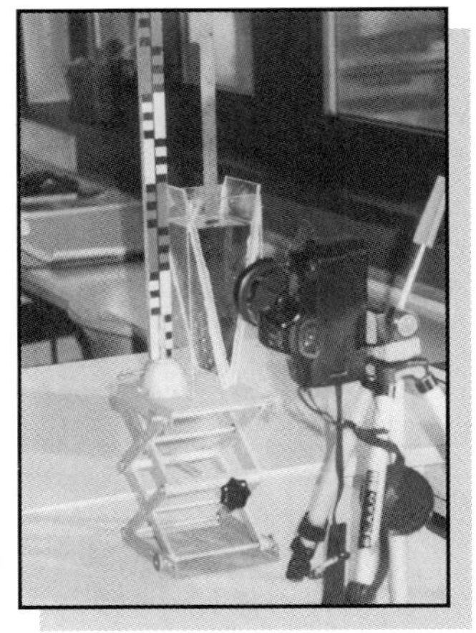

**6) Protokollierung vorbereiten.**
Das Protokoll ist einerseits ein Kontrollinstrument der Versuchsdurchführung, andererseits die Grundlage für die Auswertung. Erfahrungsgemäß ist während dem Experimentieren wenig Zeit. Deswegen sollten Sie sich vorher ein Formblatt entwerfen, Tabellen anlegen, sodass Sie während der Durchführung der Versuche möglichst wenig schreiben müssen und zudem sicher sein können, dass Sie keine Beobachtungsdaten vergessen haben zu notieren.

*Die Protokollierung liegt fast ausschließlich in den zu erstellenden Aufnahmen. Für diese wird immer ein Vergleichsmaßstab und ein Schild mit den Versuchsdaten (Belichtungszeit, Temperatur usw.) mit eingeblendet.*

**7) Auswertung und Darstellung.**
Dieser Schritt ist von heute aus gesehen noch weit in der Zukunft. Trotzdem greifen Überlegungen über die Auswertung und die anschließende Darstellung bis in die Planungsphase hinein, bestimmen Umfang und Charakter der zu erhebenden Daten(sätze). Qualitative Aussagen erfordern andere Daten als quantitative. Für die mathematischen Auswertungen und graphischen Darstellungen müssen Sie sich vorher die notwendigen Methoden aneignen. Dann gelingt Ihnen am Ende die Beantwortung Ihrer eingangs formulierten Fragen.

*Es wird ein Zeit – Weg – Diagramm erstellt; Erörterung der Gemeinsamkeiten und der statistischen Abweichungen; Feststellung der Güte der Messung.*

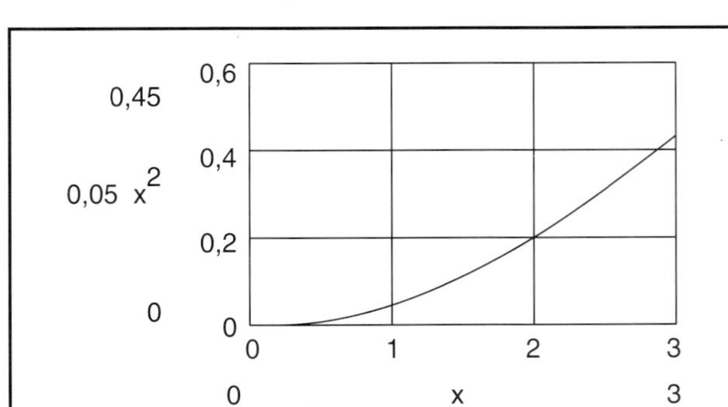

# PRÄSENTATIONSTECHNIKEN

## *Visualisierungen – Plakatgestaltung*

*Hinweise zum Einsatz:*
*Ab Jg. 9/10 mit Anleitung in Kunst und fächerübergreifend im Rahmen eines Projektes umzusetzen. Querverweis zu Baustein 10.11.1 und 10.11.2.*

Baustein 10.7

## Information:

Plakate haben einen Signalcharakter. Sie sollten die Aufmerksamkeit erregen und die Blicke anziehen. Sie werden gemacht, um möglichst viel beachtet zu werden.
Deswegen hat ein Plakat auch nur

- eine Idee (nie zwei oder mehr!),
- einen markanten Text,
- einen Spannungspunkt und
- ist schnell (im Vorübergehen) zu erfassen.

## Anleitung:

Wenn du ein Plakat siehst oder selbst eines herstellen willst, dann achte auf die folgenden Aspekte:

- **Gestaltung:**
  Übersichtlich? Verständlich? Originell? Einprägsam? Künstlerisch ansprechend?

- **Botschaft:**
  Klar erkennbar? Zielgruppe klar?
  Überzeugend? Aktuell?
  Verdeutlichend?

- **Wirkung:**
  Glaubwürdig? Überzeugend?
  Aufmerksamkeit erweckend?
  Provozierend?
  Welches Image wird vermittelt?

Wie sind die oben genannten Aspekte im Anti-AIDS-Plakat umgesetzt?

# Übung zu 10.7:

1) Beurteile die folgenden drei Plakate nach den obigen Gesichtspunkten.

Käthe Kollwitz: Nie wieder Krieg! Lithografie. 1924

2) Erstelle selbst ein Plakat zum Thema:

*Gewaltspielzeug nicht zu Weihnachten schenken*

# PRÄSENTATIONSTECHNIKEN

## Visualisierungen – Foliengestaltung

*Hinweise zum Einsatz:*
*Gute optische Präsentation wird in der Oberstufe bei allen Referaten und Vorträgen erwartet. Unabhängig vom Fach sollte dieser Baustein an einer konkreten Aufgabe verdeutlicht werden.*

Baustein 10.8

### Information:

Mit Folien und einem Tageslichtprojektor (Overhead-Projektor) können Sie Ihren Vortrag gezielt unterstützen. Der Raum muss dazu nicht so stark abgedunkelt werden wie bei einer Diavorführung. Dadurch behalten Sie Blickkontakt zu Ihren Zuhörern und müssen nicht, wie beim Tafelanschrieb, ihnen den Rücken zudrehen. Die Vorteile dieses Mediums liegen also auf der Hand. Das heißt nun aber nicht immer alles auf Folien präsentieren zu müssen. Bei dem Einsatz und der Gestaltung von Folien sollten Sie einige Punkte beachten, damit Ihre Folien auch Wirkung erzielen.

### Anleitung:

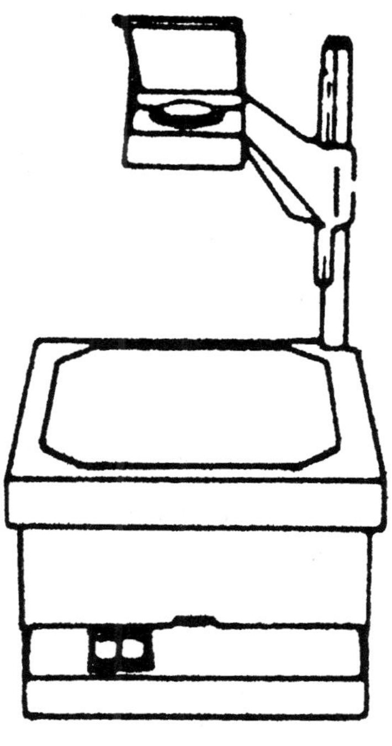

Sie können **direkt auf Folien schreiben.**

- Es gibt dazu einzelne Blätter oder auch Rollen mit fortlaufender Folie. Zum Schreiben verwendet man dicke, dünne und ganz feine Folien-Stifte in jeder Farbe. Diese Stifte gibt es in wasserlöslicher (Achtung: diese verwischen leicht) und permanenter Form (nur mit Alkohol/Spiritus wieder zu entfernen).
- Gehen Sie sparsam mit dem Text um, den Sie aufschreiben. Weniger ist oft mehr!
- Schriftgröße und -art sowie Farbe sollten Sie bewusst einsetzen.
- Verwenden Sie auch Symbole, Grafiken und Piktogramme zur Strukturierung Ihrer Folien.

Sie können **auf Folien kopieren.**

- **Achtung: Nicht alle Folien sind zum Kopieren geeignet** – wenn eine ungeeignete Folie in einen Kopierer gelangt, ist dieser ruiniert! Hohe Reparaturkosten entstehen! **Wirklich nur Kopierfolien benutzen!!**
- Originale lassen sich vergrößern/verkleinern und auch weiter bearbeiten.
- Mit Farbkopierern können auch Fotos und Kunstdrucke auf Folie übertragen werden (achten Sie dabei auf farbgetreue Wiedergabe). Leider sind die Kosten zzt. noch recht hoch (2,50 € pro Folie).
- Jede Art von Grafik, Tabelle, Zeichnung u. Ä. aus anderen Quellen können Sie durch das Kopieren übernehmen und in Ihrem Sinne einsetzen.
- Kopierte Teilskizzen lassen sich während des Vortrags leicht ergänzen. Das erspart viel Zeit, wenn Sie so vorbereitet in den Vortrag gehen, trotzdem aber etwas entwickeln wollen. (**Achtung:** Zu viele Folien können den Zuhörer erschlagen!).

Foliengestaltung mit kopierten Fotos

Sie können **Folien übereinander legen.**

- Mit Klappfolien erreichen Sie die Darstellung einer schrittweisen Entwicklung.
- Mit einer Grundfolie können Sie durch Auflegen von weiteren Teilen verschiedene Variationen darstellen, ohne jedes Mal neu zu beginnen.
- Wollen Sie mehr als 2 Folien übereinander legen, müssen Sie auf gute Qualität des Folienmaterials achten: Aufgeschnittene Prospekthüllen sind zwar billig, verschlucken aber viel Licht, wenn mehrere übereinander liegen.

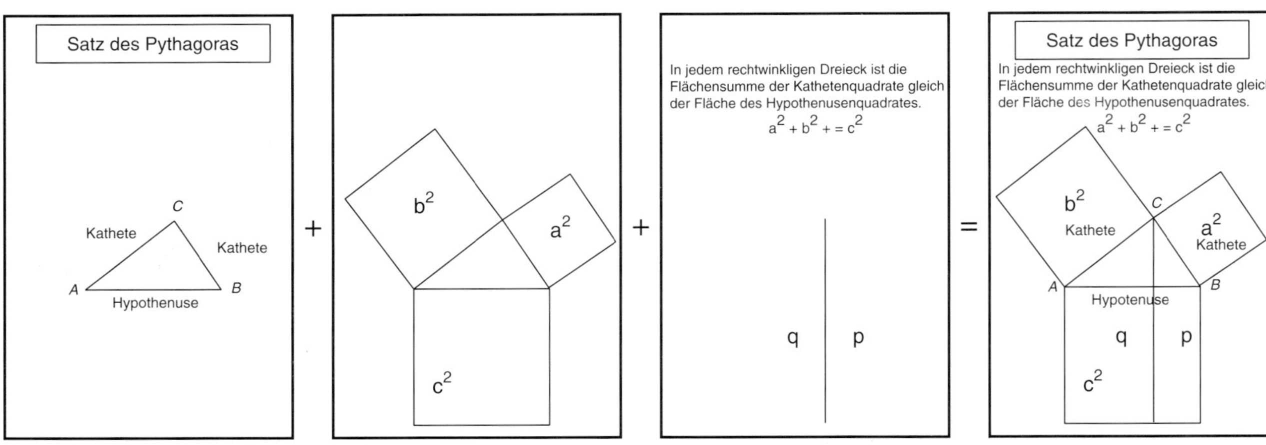


Drei Folien, die den „Satz des Pythagoras" erklären.

Sie können **bewegliche Modelle herstellen.**

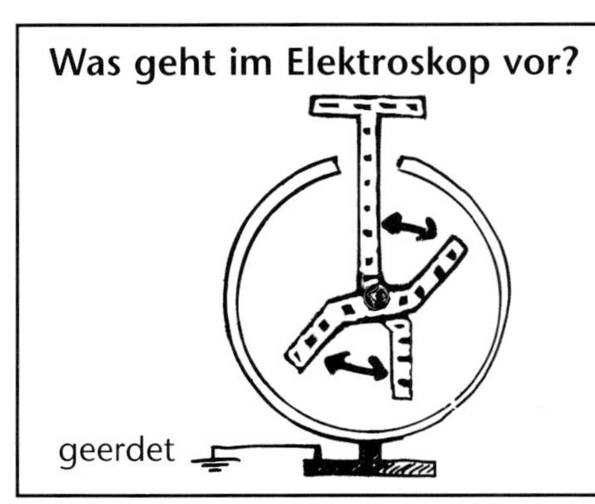


Der Zeiger des Elektroskops ist drehbar gelagert

- Damit können Sie dynamische Vorgänge verdeutlichen.
- Als Drehpunkte für Folienteile eignen sich Druckknöpfe, zum Verschieben von Folienteilen können Sie entsprechende Einschnitte vorbereiten.
- Mit Gummifäden lassen sich Strecken dehnen und stauchen.
- Figuren können auf Feldern bewegt werden (beispielsweise: Mensch-ärgere-dich-nicht; Spielfiguren können einfach mit farbigen Folienkreisen unterklebt werden und sind so in der Projektion zu unterscheiden).
- Mit solchen Modellen können Sie Prozesse in Zeitlupe/Zeitraffer auf dem Projektor ablaufen lassen.

Wie auch immer Sie den Einsatz von Folien planen, bedenken Sie die Grundsätze zur Visualisierung im Methodenbaustein 10.11.1 und 10.11.2.

# PRÄSENTATIONSTECHNIKEN

## *Visualisierungen – Broschüre herstellen*

*Hinweise zum Einsatz:*
*In Jg. 9/10 kann die Präsentation eines Projektes durch eine Broschüre ergänzt werden. Fächerübergreifend sollten die Fächer Deutsch und Kunst hier unterstützen.*

Baustein 10.9

## Information:

Eine Broschüre ist eine leicht geheftete Druckschrift von geringem Umfang, die zur knappen, oft schlagwortartigen Information dient. Ein Faltblatt oder ein Leporello erfüllt oft den gleichen Zweck. Broschüren werden immer dann eingesetzt, wenn man das Interesse von Menschen an einem Thema vertiefen will, eine ausführliche Schrift aber (noch) nicht gelesen werden würde. Broschüren werden aus diesem Grund oft zu Werbezwecken eingesetzt und stehen zwischen Werbeplakat und ausführlicher Produktinformation.

## Anleitung:

Angenommen, du hast an einem Projekt mitgearbeitet und nun soll durch eine Ausstellung bei Zuschauern das Interesse am Thema geweckt werden. Zusätzlich soll den Besuchern eine Broschüre in die Hand gegeben werden, damit sie sich zu Hause noch einmal mit dem Thema vertieft auseinander setzen können.

Bei der Erstellung einer Broschüre gilt es also:

- den Sachverhalt logisch zu gliedern,
- den Inhalt gezielt zusammenzufassen,
- den Umfang der Broschüre festzulegen,
- das Layout so ansprechend zu gestalten, dass man gerne weiterliest und die Broschüre nicht gleich in den nächsten Papierkorb wandert.

Beispiel: Eine aufwändig gefaltete Schulbroschüre als Leporello.

## Übung zu 10.9:

Erstelle eine Broschüre zum **Thema „Unser Schulgarten"**

Zunächst einige Anregungen zur Planung:

- **Mögliches Ziel:**
  Mit der Broschüre wollt ihr die Besucher für den Garten interessieren und ihnen gleichzeitig eine Orientierung geben, damit Sie sich selbstständig im Garten umschauen können. Ein Umfang von 4 DIN-A5-Seiten erscheint ausreichend.

- **Mögliche Gliederung:**
  Überblick geben – Zur Entstehung des Gartens – Die Bereiche des Gartens – Besonderheiten – Hinweise für einen Rundgang.

- **Auswahl der Informationen:**
  Keine Banalitäten verbreiten, lieber authentisch berichten; möglichst eigene Texte verwenden und nur gelegentlich Fremdtexte, die als solche kenntlich gemacht sind, einfügen.

- **Mögliche Gestaltungselemente:**
  Ansprechende Titelseite – übersichtlich gegliederte Textblöcke – Fotos, Skizzen, Lagepläne, Informationen so darbieten, dass man bei einem Rundgang das wiederfindet, was man in der Broschüre gelesen hat.

# PRÄSENTATIONSTECHNIKEN

## *Visualisierungen – Ausstellung konzipieren*

*Hinweise zum Einsatz:*
*In Jg. 9/10 kann die Präsentation eines Projektes durch eine Ausstellung ergänzt werden. Fächerübergreifend sollte das Fach Kunst hier unterstützen.*

Baustein 10.10

## Information:

Eine Ausstellung ist weit mehr als nur eine Ansammlung von Bildern und Objekten. In einer Ausstellung möchtest du dem Betrachter etwas mitteilen, ihm einen umfassenden Einblick in ein Thema geben. Dazu musst du ihn durch die Ausstellung leiten; aber nicht du persönlich leitest ihn, sondern die Ausstellung soll so konzipiert sein, dass er durch sie geleitet wird. Wichtige Dinge sollten auch als solche erkennbar sein und ins Auge springen. Die Auswahl und die Anordnung der Objekte will also gut überlegt sein.

## Anleitung:

**1) Thema sinnvoll aufgliedern**
Bei einer Ausstellung beispielsweise über ein Kohlekraftwerk bietet es sich an, den Weg der Kohle von der Anlieferung bis zur Verstromung als Leitfaden zu benutzen. Bei einer Ausstellung über das Leben eines Künstlers könnte man eine Ausstellung in seine Schaffensperioden aufgliedern.

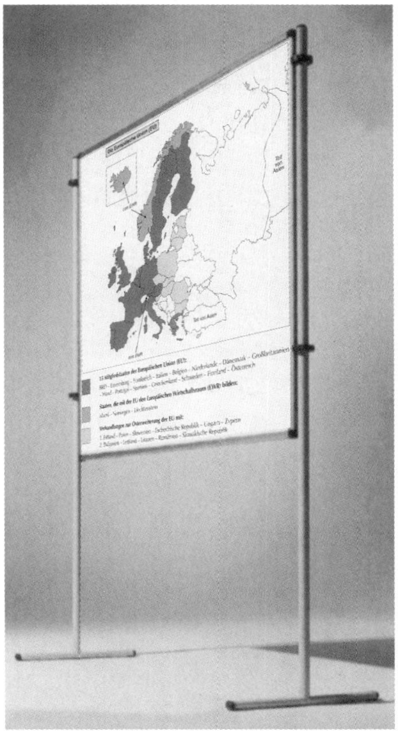

**2) Gestaltung der Ausstellungstafeln**
Gestalte die einzelnen Tafeln so, dass die Texte groß genug geschrieben sind (aus 2 m Entfernung sollten sie noch gut zu lesen sein). Die Textmenge soll den Betrachter nicht erdrücken und den Lesegewohnheiten (von links oben nach rechts unten) nicht entgegen laufen. Sind die Objekte ansprechend platziert (Hintergrund, Bildfülle, Bezug zum Text, usw.)?

**3) Nummerierung und Beleuchtung**

Nummeriere die einzelnen Tafeln durch und ordne sie so im Raum an, dass der Betrachter problemlos in der richtigen Reihenfolge entlang gehen kann.
Ist die Beleuchtung ausreichend oder möchtest du mit gezielt eingesetzten Spotlampen besondere Akzente setzen? Ist farbiges Licht besser als weißes?

**4) Aktivierungen**

Möchtest du den Besucher zum eigenen Handeln ermuntern? Kann er beim Besuch der Ausstellung selbst etwas gestalten, selbst etwas in Gang setzen, selbst etwas ausprobieren? Derartige Elemente in einer Ausstellung wecken das Interesse und sind eine willkommene Abwechslung zum bloßen Betrachten. Sind akustische Elemente einsetzbar und passen sie zum Thema?

**5) Ausstellungsbetrieb**

Bei großflächigen Ausstellungen solltest du dir noch die folgenden Fragen stellen:

- *Zu welchen Zeiten soll die Ausstellung zugänglich sein?*
- *Sind Objekte (besonders ausgeliehene) gegen Diebstahl gesichert und versichert?*
- *Brauchst du eine Aufsicht im Raum?*
- *Soll es zusätzliches Material zur Ausstellung geben? Broschüren, Kataloge, Faltblätter?*
- *Soll die Ausstellung feierlich eröffnet werden?*
- *Ist an eine Pressemitteilung oder an einen Artikel für die Schulzeitung gedacht?*
- *Was passiert mit den Exponaten am Ende der Ausstellung?*

## Übung zu 10.10:

Konzipiere in einer Kleingruppe eine Ausstellung zu einem der Themen:

- „Besuch in einer technischen Einrichtung (AKW, Kläranlage, Sternwarte usw.)"
- „Wasser ist Leben"
- Buchausstellung zum Umweltschutz

# PRÄSENTATIONSTECHNIKEN

## *Visualisierungen – Gestaltungselemente*

*Hinweise zum Einsatz:*
*Ab Jg. 9/10 mit Anleitung in Kunst und fächerübergreifend im Rahmen eines Projektes umsetzen. Querverweis zu Baustein 10.7 und 10.11.2.*

Baustein 10.11.1

## Information:

Visualisierungen sind eine optische Unterstützung des gesprochenen Wortes. Sie sollen helfen Ordnung und Struktur in die textliche Aussage zu bringen und dadurch das Mitdenken und Mitdiskutieren erleichtern.
Bevor du eine Visualisierung anfertigst, solltest du dir klar werden über:

- den darzustellenden Inhalt,
- das Ziel der Darstellung,
- die zu verwendenden Darstellungselemente und
- die zu verwendenden Medien.

## Anleitung:

Folgende Elemente solltest du bewusst bei der Gestaltung von Folien, Plakaten, Ausstellungen, Broschüren usw. einsetzen:

**1) Schrift:**

- Keine Sätze, nur Stichworte
- Schriftblöcke sind besser als ganze Zeilen.
- Schriftgröße gezielt wählen
- Groß- und Kleinbuchstaben verwenden; aus 6 m Entfernung sollte ein Plakat noch lesbar sein!
- Verwende verschiedene Schriftarten – maximal jedoch vier.
- Gleiche Schriftart für gleichartige Informationen
- Nur bekannte Abkürzungen verwenden
- Lesegewohnheiten beachten (von links oben nach rechts unten)
- Durch gleiche Formen Zusammenhänge herstellen
- Bei Handschrift: Nicht Schönschrift, sondern Lesbarkeit ist wichtig.

**2) Farbe:**

- Zusammenhänge durch Farben kenntlich machen
- Aufsteigende Wichtigkeit durch aufsteigende Farbintensität kenntlich machen (weiß → gelb → grün → orange → rot)
- Farben gezielt und lieber sparsam verwenden, sonst ertrinkt alles in „buntem Bunt".
- Hintergrund farbig gestalten
- Nicht zu viel darstellen und das Objekt überfrachten:
  Erst die Freifläche lässt Raum für Zusammenhänge und eigene Gedanken.

## 3) Symbole

Hier einige Beispiele:

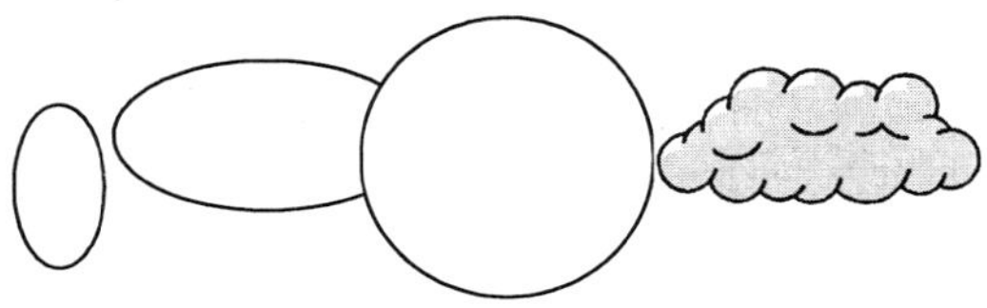

Ellipsen, Kreise, Wolken

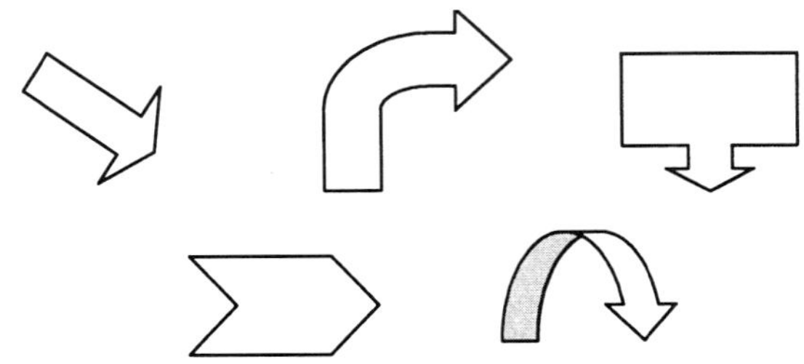

Pfeile

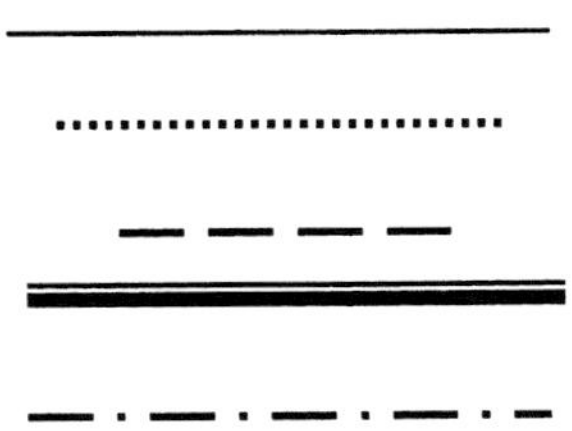

Linien

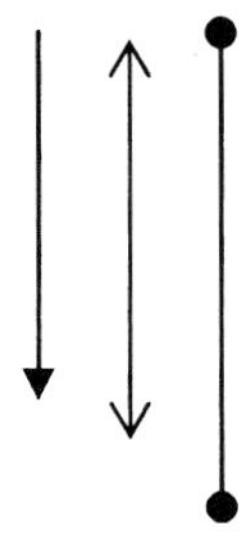

Hinweise

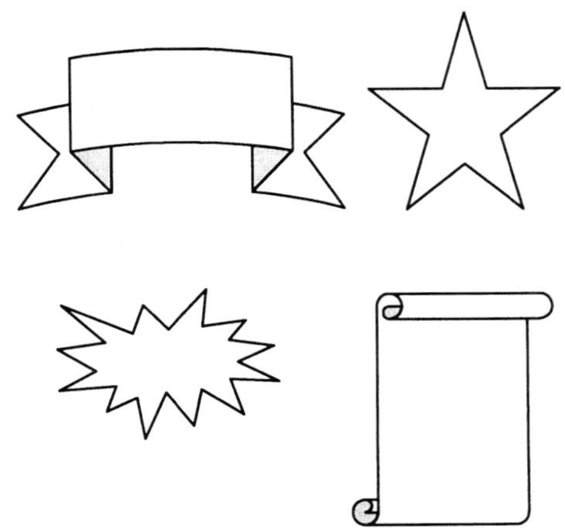

Sterne, Banner

## 4) Piktogramme

Auch hier einige Beispiele:

## 5) Diagramme:

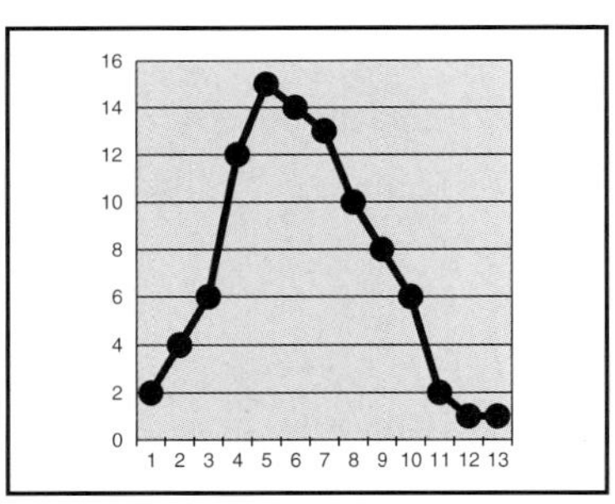


Kurvendiagramm: Entwicklungsabläufe

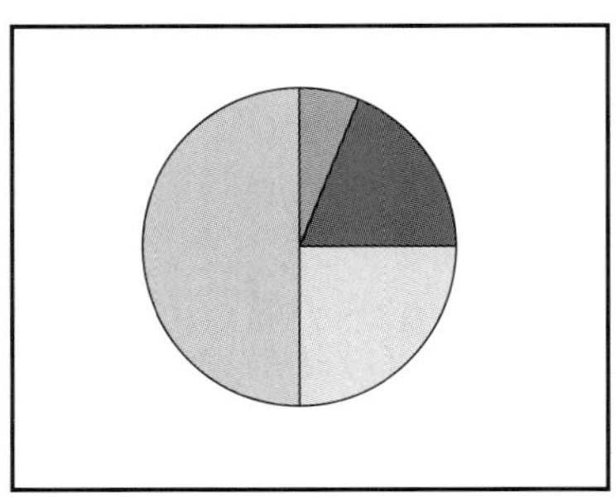

Kreisdiagramm: Das Ganze und seine Teile

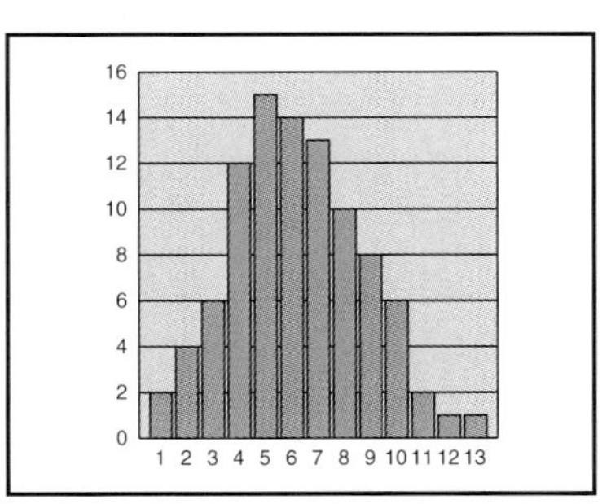


Säulendiagramm: Vergleich von Elementen

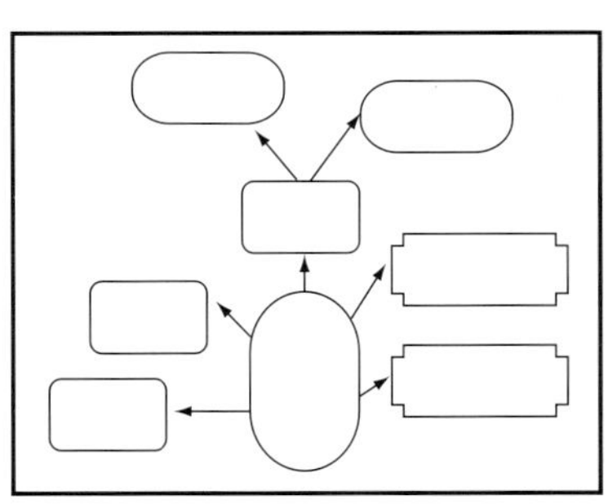

Organigramm: Strukturen und Abläufe

# PRÄSENTATIONSTECHNIKEN

## *Visualisierungen – Visualisierungsschemata*

*Hinweise zum Einsatz:*
*Ab Jg. 9/10 mit Anleitung in Kunst und fächerübergreifend im Rahmen eines Projektes umsetzen. Querverweis zu Baustein 10.7 und 10.11.1.*

**Baustein 10.11.2**

## Information:

Neben realen Bildern werden oft schematische Darstellungen für Visualisierungen herangezogen. In den Bausteinen 10.1 und 10.2 wird auf verschiedene Schemata der Zahlendarstellung eingegangen, in den Bausteinen 1.3, 1.10 und 1.11 wird auf einzelne Strukturierungselemente speziell eingegangen. Hier nun werden vergleichend Darstellungsarten gegenübergestellt: Tabelle, Organigramm, Schaltplan, Explosionszeichnung, Konstruktionszeichnung und Karikatur.

<table>
<tr><th></th><th>Vorteil</th><th>Nachteil</th><th>Beispiel</th></tr>
<tr><td>Tabelle</td><td>Viel Information auf wenig Raum. Unbedingt auf gute Lesbarkeit und Übersichtlichkeit achten. Weniger ist mehr!</td><td>Zu viele Zahlen in Zeilen und Spalten überblickt der Betrachter nicht.</td><td>
<table>
<tr><td>Fahrtnummer</td><td></td><td>2</td><td>4</td><td>6</td><td>10</td><td>20</td><td>14</td><td>22</td></tr>
<tr><td>VERKEHRSHINWEIS</td><td></td><td></td><td></td><td>S</td><td></td><td></td><td></td><td></td></tr>
<tr><td>Wald-Michelbach, Bahnhof</td><td>ab</td><td>4.25</td><td>5.25</td><td>6.01</td><td>6.25</td><td>7.31</td><td>8.01</td><td>9.01</td></tr>
<tr><td>- Grundschule</td><td></td><td>|</td><td>|</td><td>|</td><td>|</td><td>|</td><td>|</td><td>|</td></tr>
<tr><td>- Schulzentrum</td><td></td><td>|</td><td>|</td><td>|</td><td>|</td><td>|</td><td>|</td><td>|</td></tr>
<tr><td>- Sparkasse</td><td></td><td>4.27</td><td>5.27</td><td>6.03</td><td>6.27</td><td>7.33</td><td>8.03</td><td>9.03</td></tr>
<tr><td>- Amtsgericht</td><td></td><td>4.29</td><td>5.29</td><td>6.05</td><td>6.29</td><td>7.35</td><td>8.05</td><td>9.05</td></tr>
<tr><td>Kreidach, Kreidacher Höhe</td><td></td><td>4.31</td><td>5.31</td><td>6.07</td><td>6.31</td><td>7.37</td><td>8.07</td><td>9.07</td></tr>
<tr><td>Stallenkandel, Ort</td><td></td><td>|</td><td>|</td><td>|</td><td>|</td><td>|</td><td>|</td><td>|</td></tr>
<tr><td>Ober-Mengelbach</td><td></td><td>|</td><td>|</td><td>|</td><td>|</td><td>|</td><td>|</td><td>|</td></tr>
<tr><td>Kreidach, Bahnhof</td><td></td><td>4.33</td><td>5.33</td><td>6.09</td><td>6.33</td><td>7.39</td><td>8.09</td><td>9.09</td></tr>
<tr><td>- Schmiede</td><td></td><td>4.34</td><td>5.34</td><td>6.10</td><td>6.34</td><td>7.40</td><td>8.10</td><td>9.10</td></tr>
<tr><td>- Unterdorf</td><td></td><td>4.35</td><td>5.35</td><td>6.11</td><td>6.35</td><td>7.41</td><td>8.11</td><td>9.11</td></tr>
<tr><td>Mackenheim, Abzw.</td><td></td><td>4.37</td><td>5.37</td><td>6.13</td><td>6.37</td><td>7.43</td><td>8.13</td><td>9.13</td></tr>
<tr><td>Weiher, Abzw. Vöckelsbach</td><td></td><td>4.39</td><td>5.39</td><td>6.15</td><td>6.39</td><td>7.45</td><td>8.15</td><td>9.15</td></tr>
<tr><td>- Ost</td><td></td><td>4.40</td><td>5.40</td><td>6.16</td><td>6.40</td><td>7.46</td><td>8.16</td><td>9.16</td></tr>
<tr><td>- Mitte</td><td></td><td>4.41</td><td>5.41</td><td>6.17</td><td>6.41</td><td>7.47</td><td>8.17</td><td>9.17</td></tr>
<tr><td>- West</td><td></td><td>4.42</td><td>5.42</td><td>6.18</td><td>6.42</td><td>7.48</td><td>8.18</td><td>9.18</td></tr>
<tr><td>- Erlenhof</td><td></td><td>4.44</td><td>5.44</td><td>6.20</td><td>6.44</td><td>7.50</td><td>8.20</td><td>9.20</td></tr>
<tr><td>Mörlenbach, Ost</td><td></td><td>4.45</td><td>5.45</td><td>6.21</td><td>6.45</td><td>7.51</td><td>8.21</td><td>9.21</td></tr>
<tr><td>- Mitte</td><td></td><td>4.47</td><td>5.47</td><td>6.23</td><td>6.47</td><td>7.53</td><td>8.23</td><td>9.23</td></tr>
<tr><td>- Bahnhof</td><td>an</td><td>4.51</td><td>5.51</td><td>6.27</td><td>6.51</td><td>7.57</td><td>8.27</td><td>9.27</td></tr>
<tr><td>R68 Mörlenbach</td><td>ab</td><td>5.12</td><td>6.12</td><td>6.43</td><td>7.14</td><td></td><td>8.50</td><td>10.20</td></tr>
<tr><td>R68 Fürth</td><td>an</td><td>5.25</td><td>6.26</td><td>6.56</td><td>7.31</td><td></td><td>9.03</td><td>10.33</td></tr>
<tr><td>R68 Mörlenbach, Bahnhof</td><td>ab</td><td>5.26</td><td>5.56</td><td></td><td>6.57</td><td>8.02</td><td>8.34</td><td>9.34</td></tr>
<tr><td>R68 Weinheim</td><td>an</td><td>5.42</td><td>6.12</td><td></td><td>7.13</td><td>8.18</td><td>8.50</td><td>9.50</td></tr>
</table>
</td></tr>
<tr><td>Organigramm</td><td>Gibt vereinfacht eine Struktur wieder. Zusammenhänge werden durchschaubar.</td><td>Je komplexer, desto unbrauchbarer. Formen haben oft bestimmte Bedeutungen an sich (siehe Flussdiagramm), die den Zuhörern nicht unbedingt geläufig sind.</td><td>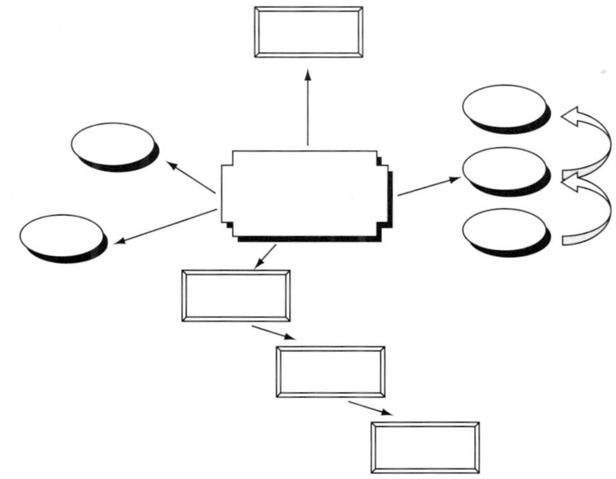</td></tr>
</table>

| | Vorteil | Nachteil | Beispiel |
|---|---|---|---|
| Schaltplan | Schaltpläne verdeutlichen Konstruktionszusammenhänge von Maschinen und elektrischen Anlagen. Man verwendet normierte Symbole, deren Bedeutung bekannt sein sollte. | Oft zu komplex und mit zu vielen Einzelheiten versehen, sind sie in der Regel nur vom Fachmann zu verstehen. | 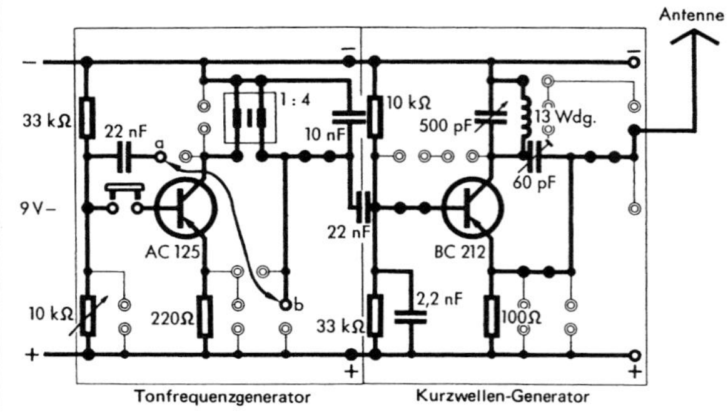  |
| Explosions-Zeichnung | Die räumliche Darstellung des Zusammenhangs von technischen Geräteteilen erleichtert dem technisch vorgebildeten Laien das Verständnis. | Oft zu unübersichtlich, zu vielfältig. Erschlägt durch Detailreichtum. | 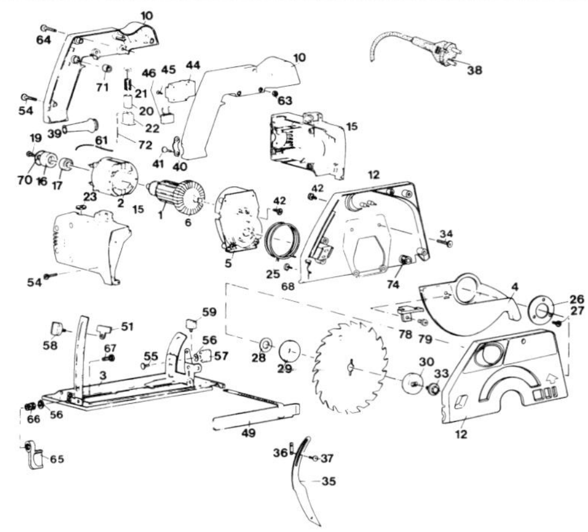 |
| Technische Zeichnung | Hohe Genauigkeit. Alle notwendigen Details sind sichtbar. Sollte nur als Detail eines Vortrages eingesetzt oder am Ende als Plakat ausgehängt werden. | Oft zu umfangreich, zu groß und zu oft gefaltet. Genauigkeit der Zeichnung kann die Zuhörerschaft leicht überfordern. | 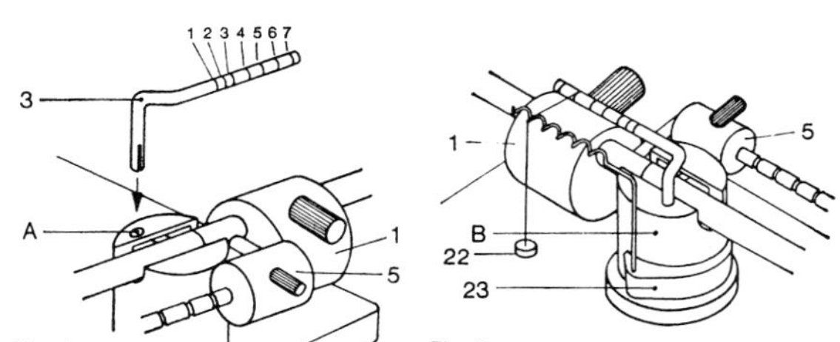  Fig. 1 Fig. 2 |
| Karikatur | Belebt den Vortrag, motiviert und lockert auf | Vereinfacht Sachverhalte, lenkt von der Ernsthaftigkeit ab. Oft steht der „Gag" im Vordergrund, nicht der Inhalt. |  1848 |

# PRÄSENTATIONSTECHNIKEN

## *Visualisierungen – Medienüberblick*

*Hinweise zum Einsatz:*
*Gute optische Präsentation wird in der Oberstufe bei allen Referaten und Vorträgen erwartet. Der richtigen Auswahl der Medien kommt hierbei eine besondere Bedeutung zu. Unabhängig vom Fach sollte dieser Baustein vorab verdeutlicht werden.*

Baustein
10.11.3

## Information:

„Ein Bild sagt mehr als tausend Worte". Nach diesem Motto kann jeder Vortrag, jedes Referat wirkungsvoll angereichert werden. Aber nicht jedes Medium bietet die gleichen Visualisierungsmöglichkeiten. Vor- und Nachteile sollten gut gegeneinander abgewogen werden, bevor man sich für den Einsatz des einen oder des anderen Mediums entscheidet. Hier zunächst ein Überblick über all die Medien mit ihren Vor- und Nachteilen.

## Überblick:

### Wandtafel:

**Vorteil:** Einfach zu handhaben; es ist leicht etwas einzufügen; sehr bekannt und verbreitet; ökologisch unbedenklich.

**Nachteil:** *Schlechter Farbkontrast bei einigen Farben; Schreiben auf nasser Tafel ist problematisch; lästiger Kreidestaub; man dreht dem Zuhörer den Rücken zu; hässlicher Grauschleier.*

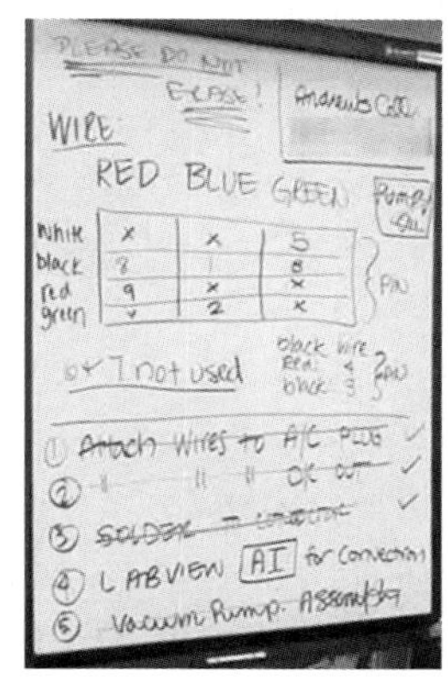

Whiteboard

### Whiteboard:

(weiße Kunststofftafel, die man mit abwischbaren dicken Filzstiften beschreiben kann)

**Vorteil:** Sauberes Arbeiten auf weißem Hintergrund; guter Farbkontrast zu allen Farben; fertige „Grundbausteine" können mit Magneten angeheftet werden.

**Nachteil:** *Nur spezielle Filzstifte lassen sich auch wieder abwischen; man dreht dem Zuhörer den Rücken zu.*

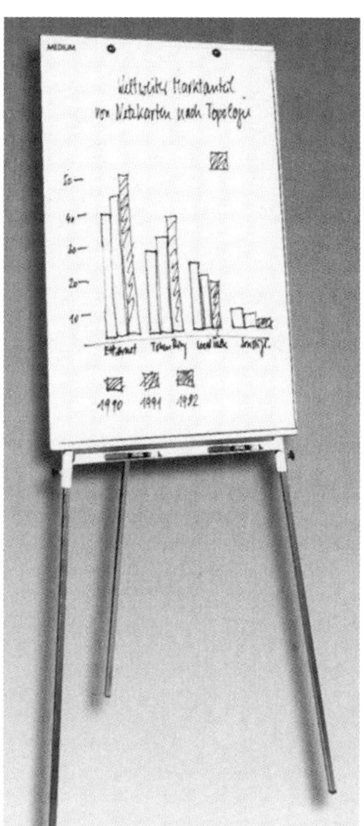
Flipchart

### Flipchart:

**Vorteil:** Die großen weißen (oder groß karierten) Blätter können leicht als Infospeicher dienen; Vor- und Zurückblättern ist möglich; Skizzen können vorbereitet und dann aufgeblättert werden. Volle Blätter kann man leicht nebeneinander an die Wand hängen. Leicht zu transportieren, kann fast überall aufgestellt werden.

**Nachteil:** *Die Fläche von 66 auf 100 cm ist relativ klein und auch nicht in der Höhe verstellbar. Beim Beschreiben dreht man seinen Zuhörern wieder den Rücken zu. Korrekturen sind aufwändig.*

**Overheadprojektor:**

**Vorteil:** Schreiben und Zeichnen mit Blick auf die Zuhörer. Striche von wasserlöslichen Stiften können bequem wieder weggewischt werden. Da sie aber auch leicht verwischt werden können, sind Permanentstifte, deren Linien man nur mit Alkohol wieder abwischen kann, besser. Vor- und Rückgriff auf andere Folien möglich. Abdecken und Klappen liefern gute Effekte, dadurch kann man dynamische Prozesse verdeutlichen. Bewegliche Folien/Acrylglasteile dienen als transparente Modelle. Folien können ein Manuskript ersetzen und als Kopien für die Zuhörer zur Verfügung gestellt werden. Wiederholte Verwendung der Folien ist möglich.

**Nachteil:** *Wirkt bei zu vielen Folien leicht ermüdend auf die Zuhörer. Man benötigt eine gute Leinwand, wenn die Wände zu uneben, zu bunt oder nicht frei sind. Nebengeräusche des Projektors stören mitunter. Folien und Stifte sind ökologisch nicht unbedenklich. Der Raum muss etwas abgedunkelt sein.*

**Diaprojektor:**

**Vorteil:** Bei gezieltem Einsatz lenken Dias (auch durch die notwendige Dunkelheit) die Aufmerksamkeit auf das Wesentliche. Durch Bilder/Fotos erreicht man Glaubwürdigkeit. Dias haben in der Regel eine sehr gute Bildqualität. Mit Bildern spricht man auch die Gefühle der Zuhörer an. Die Erwartungshaltung der Zuhörer ist groß.

Diaprojektor

**Nachteil:** *Abdunkeln des Raumes, Reden in den dunklen Raum, der Blickkontakt zu den Zuhörern reißt ab. Die Reihenfolge der Bilder ist starr, nur Vor- oder Zurückstellen um jeweils ein Bild ist möglich. Aufwändiger Geräteaufbau, wenn die Sicht der Zuhörer nicht behindert sein soll.*

**Film, Video:**

**Vorteil:** Bewegte Vorgänge, Dokumentationen können eingespielt werden, informativer als nur ein Dia.

**Nachteil:** *Projektionsfläche muss auf die Raumgröße bezogen sein; längere Abschnitte machen den Vortragenden fast überflüssig, der Einsatz muss besonders gut überlegt sein.*

**Computer mit OHP-Display oder Beamer:**

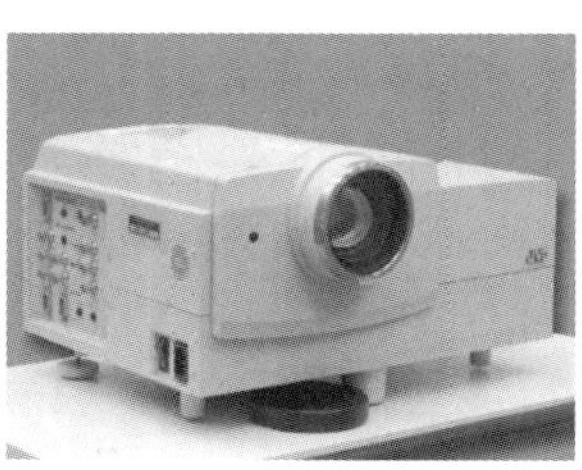

Beamer

**Vorteil:** Dynamische Abläufe können dargestellt werden, Simulationen und auf die Zuhörer abgestimmte Variationen sind leicht möglich durch Veränderung der verschiedensten Parameter. Alle erdenklichen Effekte am PC können so vergrößert allen zugänglich gemacht werden.

**Nachteil:** *Großer technischer Aufwand; setzt sehr gute Kenntnis des Mediums voraus, denn das Publikum ist in der Regel bei Fehlern in der Bedienung nicht nachsichtig. Der Raum muss etwas abgedunkelt werden, damit Kontraste deutlich hervortreten.*

**Gedrucktes Material:**

**Vorteil:** Erspart den Zuhörern das Mitschreiben; sollte erst im Anschluss an den Vortrag verteilt werden, es sei denn detaillierte Skizzen sind zum Verständnis notwendig. Gut für eine Nachbereitung des Vortrags. Gibt dem Zuhörer das Gefühl, „der Vortrag hat ihm was gebracht".

**Nachteil:** *Zuhörer kann durch Material abgelenkt werden. Aufmerksamkeit sinkt, wenn er glaubt „alles schon in der Hand" zu halten.*

# PRÄSENTATIONSTECHNIKEN

## *Rollenspiel – Gestik*

*Hinweise zum Einsatz:*
*In Jg. 9/10 sind Schülerinnen und Schüler i. Allg. wieder mehr für Rollen- und Theaterspiel zu begeistern. Sie sind nun in der Lage bewusst in fremde Rollen zu schlüpfen und entsprechend zu agieren. Im Rahmen eines Projektes sollte mit Ausdrucksmitteln geübt werden.*

Baustein 11.3

## Information:

Unter Gestik versteht man die Körpersprache, die hauptsächlich durch die Arme und Hände ausgedrückt wird. Die übrigen Körperteile sind auch mit einbezogen, treten aber eher in den Hintergrund.
Im klassischen griechischen Theater sind ganz bestimmte Gesten entstanden, die typisch männlich oder weiblich sind. Diese Grundelemente solltest du einüben, damit du sie jederzeit einsetzen kannst. Rollenspiel, Theater und besonders Pantomime leben von solchen klaren Gesten.
Siehe auch Baustein 12.4.

## Anleitung:

**Männliche Gesten:**

Diese Gesten sind im griechischen Theater auf Macht, Abgrenzung und Standfestigkeit ausgerichtet und deswegen klar und streng.

a) Eine Hand (die rechte) schneidet energisch den Raum zwischen dir und deinem Gegenüber schräg von oben nach unten durch.
**Distanz; Abgrenzung.**

b) Der Arm, Hand und Finger mit einbezogen, weist gebieterisch dem Gegenüber die Richtung, in die er zu verschwinden hat.
**Befehl „Verschwinde, ich will dich hier nicht mehr sehen."**

c) Eine Hand in die Hüften gestemmt, die andere umfasst einen Gegenstand oder ist zur Faust geballt.
**Selbstbewusstsein, Standhaftigkeit.**

Eine Hand in die Hüften gestemmt, während die andere etwas umfasst.
Das Bild zeigt den englischen König Heinrich VIII.

d) Verschränken der Arme, Aufstampfen mit dem Fuß, fester Blick in die Ferne.
**Selbstbehauptung; Stau von Energie (Wut?), wenn der Rücken dem Gegenüber zugekehrt ist; Abkehr.**

e) Beide Arme gestreckt nach vorne, Handflächen weisen den Gegenüber ab.
**Abstand; Abweisung; evtl. auch Rückzug.**

**Weibliche Gesten:**

Weibliche Gesten sind im griechischen Theater auf Behüten, Verbinden, Beschützen, Empfangen und Einfügen ausgerichtet.

a) Offene Arme, zum Umarmen bereit
**Aufnehmen, Beschützen, für den anderen da sein.**

b) Wiegende Körperhaltung, ggf. durch Arme unterstützt, die andeuten, ein Kind zu wiegen
**Schutz, Sorge für andere.**

c) Unscharfer Blick in die Ferne, ein Arm geht ruhig und in runder Bewegung nach außen, lässt ihn gehen
**Schmerz, Loslassen, Wehmut.**

d) Nach oben hin offene Arme, erhobener Blick zum Himmel
**Etwas von oben erbitten.**

e) Hilfsbedürftiges Anlehnen, Anschmiegen an einen anderen, Kniefall, flehende Haltung
**Suche nach Schutz, Bitte um Hilfe, um Aufnahme, um Verzeihung.**

Nach oben offene Arme, Blick gen Himmel gerichtet

Probiere diese Grundelemente aus, bis du ein gutes Gefühl hast, wenn du sie machst.

## Übung zu 11.3:

Suche nach weiteren Gesten, die für dich eine eindeutige Aussage beinhalten. Beschreibe sie und versuche sie vor dem Spiegel nachzumachen wie zum Beispiel:

Verbeugung; Hofknicks; Handkuss; Kniefall.

Was drücken diese Haltungen aus?

# PRÄSENTATIONSTECHNIKEN

## Rollenspiel – Methode des Rollenspiels

*Hinweise zum Einsatz:*
*In der Oberstufe kann ein Rollenspiel tiefere Beziehungen und Strukturen aufdecken und den Beteiligten mehr bewusst werden wie noch in der Mittelstufe. Im Rahmen eines Projektes kann die Methode des Rollenspiels verdeutlicht und zugleich praktiziert werden.*

Baustein
11.4

## Information:

In einem Rollenspiel schlüpfen Sie sozusagen in eine andere Person. Sie sind nicht mehr Sie, sondern treten bewusst aus Ihrer Rolle im Alltag heraus und betreten die Bühne. Dort nehmen Sie das Wesen einer anderen Person an und agieren als diese Person.
Mit einem Rollenspiel eröffnet sich die Möglichkeit seinen eigenen Standpunkt zu verlassen und ein Problem von einer ganz anderen Position aus zu erfahren. Zudem können Sie für sich ganz neue Verhaltensweisen ausprobieren, denn durch eine neue Rolle bekommt man auch Handlungsspielräume, die man sonst im Alltag nicht hat.
Sie können ein Rollenspiel auch gezielt einsetzen, um einen Konflikt in Ihrer Gruppe zu thematisieren und zu bearbeiten. Es empfiehlt sich, wenn zunächst fremde Personen die Rollen der Konfliktparteien übernehmen. Danach können die Konfliktparteien auch die jeweils andere Rolle einnehmen. Wahrscheinlich ergeben sich aus solchen Rollenspielen Lösungen für den Konflikt.

## Anleitung:

Damit ein Rollenspiel nicht zufällig und isoliert bleibt und lediglich eine auflockernde Unterbrechung des Unterrichts ist, sollten Sie auch auf folgende Punkte achten:

a) **Auswahl der Spieler:**
Nicht nur nach Freiwilligkeit gehen; sorgen Sie für eine zweite Besetzung, um das Stück im Vergleich durchspielen zu können.

b) **Auswahl der Umgebung:**
Sorgen Sie dafür, dass der Bereich für das Rollenspiel deutlich sichtbar wird. Die Spieler müssen wissen, wo sie die Bühne betreten und in ihre neue Rolle schlüpfen. Für eine tiefere Auswertung empfiehlt es sich, das Rollenspiel mit einer Videokamera aufzuzeichnen.

c) **Vertraut werden** mit der Thematik und den Rollen:
Haben Sie genügend Informationen über das Problem und über die Rolle, die Sie spielen sollen? Besorgen Sie sich ggf. weiteres Hintergrundwissen.

d) **Leerlauf:**
Beginnt das Rollenspiel sich im Kreise zu drehen, erlahmt es und Wiederholungen häufen sich, dann ist es höchste Zeit für ein rasches Ende zu sorgen.

e) **Auswertung:**
Diese Phase ist genau so wichtig wie das Spielen selbst und sollte mindestens doppelt so lange dauern. Neben dem eigenen Erleben ist das Sprechen und Bewusstwerden über das Rollenspiel der Weg zu neuen Einsichten.

**f) Spielende:**

Es ist ganz wichtig, dass das Ende für alle Teilnehmer deutlich wird. Wenn Sie die Bühne verlassen, sind Sie nicht mehr der Rolleninhaber, Sie sind wieder Sie. Konflikte, Animositäten, die in dem Rollenspiel vorgetragen wurden, haben jetzt keinen Hintergrund mehr. Sie haben die Rollen hinter sich gelassen, als Sie die Bühne verlassen haben. Ein Rollenspiel dient auch nicht zur psychologischen Nabelschau und Interpretation, inwieweit die gespielte Rolle mit der realen Person, die sie gespielt hat, irgendwelche Zusammenhänge hat.

## Übungen zu 11.4:

Versuchen Sie die folgende Szene im Rollenspiel zu spielen:

In einer gut besetzten S-Bahn pöbeln zwei Skins einen Ausländer an. Es wird bedrohlich für den Ausländer. Wie reagieren die anderen Mitfahrer?

Versuchen Sie die folgende Situation mit einem Rollenspiel aufzuarbeiten:

Ingrid beschwert sich, in der Arbeitsgruppe von Peter und den anderen systematisch an den Rand gedrängt zu werden. Sie bekomme von ihm immer zuletzt die Papiere und die Mails würden nicht an sie weitergeleitet werden. Alle würden ihr immer ins Wort fallen, wenn sie etwas sagen wolle. Peter seinerseits hat jetzt keine Lust mit Ingrid zusammenzuarbeiten, da Ingrid hinter seinem Rücken nur schlecht über ihn redet.

# PRÄSENTATIONSTECHNIKEN

## *Vortrag – Rhetorik – Atmung*

*Hinweise zum Einsatz:*
*Ab Jg. 9/10 werden Referate umfangreicher. Daher lohnt es sich mit rhetorischen Übungen einen Vortrag zu untermauern. Eine Anbindung an das Fach Deutsch oder Biologie erscheint sinnvoll.*

Baustein
12.2.3

## Information:

Beim Reden benötigt man mehr Luft als beim Singen. Deswegen ist es für dich besonders wichtig, dass du bei einem Vortrag nicht aus der Puste kommst. Eine richtige Atemtechnik hilft dir dabei. Man spricht in diesem Zusammenhang von **Tiefatmung**. Diese umfasst die Brustatmung, die Zwerchfellatmung und die Flankenatmung. Sie ist die wirkungsvollste Art den Körper mit viel Sauerstoff zu versorgen.
Die Tiefatmung erfolgt in 5 Abschnitten: Bauch und Magengrube wölben sich nach vorne. Einatmung durch Brust und Zwerchfell. Die Magengrube wird nun leicht eingezogen. Ein weiteres Atmen füllt noch die Flanken bis hinauf zum Schlüsselbein. Ausatmung durch Entspannung des Zwerchfells und Einwärtsbewegung des Brustraumes.
Die nachfolgenden Übungen werden deine Atmung weiter optimieren.

## Anleitung:

1) Halte nach einer Tiefvollatmung beim Ausatmen einen Vokal so lange wie möglich an. Mobilisiere auch noch die letzten Luftreserven. Gute Redner kommen hier leicht auf über 30 Sekunden.
2) Atme mit leicht gehobenem Kopf tief ein. Das Ausatmen soll nun fünfmal so schnell sein. (**Achtung:** Mache diese Übung nicht zu oft, es könnte dir schwindlig werden.)
3) Atme kurz über die Nase ein und dann fünfmal so lang aus. Mache dein Ausatemgeräusch hörbar. Dies gilt nur für diese Übung und nicht für den Vortrag! Dort solltest du hörbares Ein- und Ausatmen vermeiden.
4) Atme in Intervallen ein und aus; d. h. mach beim Einatmen bewusst 2–3 mal eine Pause und anschließend ebenso beim Ausatmen.
5) Durch einen Luftstau in der Lunge bei gleichzeitig geschlossenen Stimmbändern (tonloser Schrei) kannst du deine Stimmbänder gut kräftigen.

## Übung zu 12.2.3:

1) Verstärke deinen Atem im Zeitlupentempo von einem Hauchen immer weiter, bis du einen Ton hörst. Lass den Ton dann immer lauter erklingen. Führe dein Atemvolumen langsam wieder zurück, bis der Ton ganz langsam in deine Mundhöhle zurückkehrt und wieder nur noch Atem zu hören ist. Diese Übung sollte mindestens 15 Minuten dauern. So langsam solltest du die Veränderungen machen.

2) Übe dich in lautem Singen in allen möglichen Klangfarben.

3) Die folgende Atemübung im Stehen besteht aus drei Teilen:

- Stelle dich aufrecht hin, Beine hüftbreit auseinander, die Handflächen liegen ineinander nach oben offen vor deinem Bauch und bilden eine Schale. Während du nun einatmest, hebst du die Handflächen langsam an bis in Brusthöhe. Du schöpfst also Atem. Wenn du ausatmest, dann drehst du deine Handflächen um und die Bewegung der Hände geht wieder abwärts, bis die Ausgangsstellung wieder erreicht ist. Atme nun so mehrere Male ruhig und langsam.
- Du beginnst wieder so wie beim ersten Teil, verlängerst nun aber das Einatmen. Wenn deine Hände in Höhe der Brust angekommen sind, atmest du weiter ein und breitest dabei deine Arme nach vorne aus, führst sie dann weiter nach rechts und links, bis du mit ausgebreiteten Armen da stehst. Während dem Ausatmen sinken deine Arme nach unten an die Seite und kommen wieder in die Ausgangsposition. Atme wieder einige Male ruhig und tief auf diese Art.
- Wieder beginnst du wie oben beschrieben. Wenn deine Hände nun in Brusthöhe angekommen sind, geht die Bewegung weiter aufwärts bis hoch über deinen Kopf. Du streckst dich und hebst die Hacken an um noch tiefer einatmen zu können. Dann beschreiben deine Arme langsam einen großen Kreis und kommen rechts und links an deiner Seite wieder nach unten zur Ausgangsposition. Atme auf diese Weise wiederum mehrere Male tief und ganz ruhig.

Diese drei Atemphasen machst du nun jeweils fünfmal hintereinander.

# PRÄSENTATIONSTECHNIKEN

## *Vortrag – Mimik gezielt einsetzen*

*Hinweise zum Einsatz:*
*Ab Jg. 9/10 werden Referate umfangreicher. Daher lohnt es sich Mimik und Gestik gezielt zu schulen. Dies kann z. B. in Verbindung mit einem Theaterprojekt erfolgen. Querverweis zu Baustein 11.2.*

Baustein
12.3

## Information:

Die Mimik ist eine Körpersprache, die hauptsächlich vom Gesicht ausgeht. Gestaltungselemente sind demnach: Augen, Blickrichtung, Stirn und Mundpartie, die Kopfhaltung und Kopfbewegung.
Ein geneigter Kopf zusammen mit einem abgesenktem Blick können beispielsweise Niedergeschlagenheit, Verlegenheit oder Scham ausdrücken, aber auch Bescheidenheit und Zurückhaltung. Man muss sich den ganzen Gesichtsausdruck genau anschauen, den Zusammenhang und die Situation mit einbeziehen, um die richtige Information zu bekommen.

## Anleitung:

Betrachte die Strichgesichter und versuche einen ähnlichen Gesichtsausdruck zu machen.
Überprüfe dich mit einem Spiegel. Was fühlst du, wenn du so dreinschaust? Welches Gefühl drückst du damit aus?

Mögliche Gefühle:
*aggressiv, ängstlich, reumütig, anmaßend, schüchtern, selig, gelangweilt, vorsichtig, frostig, selbstsicher, neugierig, entschlossen, enttäuscht, ungläubig, wütend, neidisch, erschöpft, angsterfüllt, frustriert, schuldig, glücklich, entsetzt, hitzig, verkatert, verletzt, hysterisch, gleichgültig, interessiert, eifersüchtig, einsam, verliebt, erfolglos, kummervoll, erleichtert, traurig, zufrieden, überrascht, misstrauisch, unschlüssig.*

Der freie Kreis ist für dein ganz spezielles Gefühl.

# Übung zu 12.3:

1) Was könnten die abgebildeten Kopfhaltungen ausdrücken:

2) Betrachte Fotos von Menschen in Illustrierten und versuche deren Mimik in Worte zu fassen. Steht die Mimik im Einklang mit dem Inhalt?

3) Verfolge eine Bundestagsrede am Fernseher. Ist die Mimik im Einklang mit der Botschaft?

4) Schreibe dir alle Arten von „Lachen" auf, die du kennst und versuche sie selbst auszudrücken.

# PRÄSENTATIONSTECHNIKEN

## Vortrag – Gestik gezielt einsetzen

*Hinweise zum Einsatz:*
*Ab Jg. 9/10 werden Referate umfangreicher. Daher lohnt es sich Mimik und Gestik gezielt zu schulen. Dies kann z. B. in Verbindung mit einem Theaterprojekt erfolgen. Querverweis zu Baustein 11.3.*

Baustein 12.4

## Information:

Während eines Vortrags stehst du sicherlich nicht stocksteif da. Dein Körper wird etwas ausdrücken, wird sich etwas bewegen und in seiner Gestik den Inhalt des Vortrags unterstützen. Diese Körpersprache solltest du gezielt einsetzen, denn wenn Gestik und Inhalt des Vortrags nicht übereinstimmen, wirkst du in deinem Vortrag unglaubwürdig.
Während eines Vortrags ist es sinnvoll die Spannung der Arme und des Körpers, die Haltung und die kleinen Bewegungen zu benutzen, um etwas hervorzuheben. Dies könnte sein: die Zusammenfassung, das Besondere, das Hauptargument, die Unterstreichung eines Gedankens, das Abweisen von Gegenargumenten, ein Ausruf, das Betonen einer Stelle, der Hinweis auf Zukünftiges.

## Anleitung:

Welchen Ausdruck haben die folgenden Gesten bei einem Vortrag?

Mögliche Wirkungen könnten sein:

1) *Zusammenfassung* 2) *auf etwas Delikates eingehen*
3) *mit Nachdruck etwas aussprechen* 4) *etwas abweisen* 5) *auf etwas allgemein hinweisen*
6) *etwas betonen* 7) *ein bestimmter Hinweis*

## Übung zu 12.4:

1) Was sagen dir die folgenden Körperhaltungen?

2) Hier sind noch ein paar Abbildungen. Versuche zunächst selbst so eine Körperhaltung einzunehmen und bestimme dann den Ausdruck dieser Haltung.

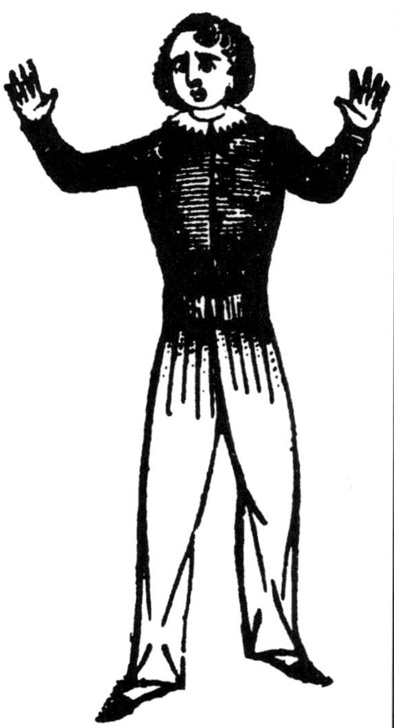

# PRÄSENTATIONSTECHNIKEN

## Vortrag – Sprachstil – Verständlichkeit

*Hinweise zum Einsatz:*
*Im Fach Deutsch der Jahrgangsstufen 9/10 bietet es sich an auf die Ausdrucksweise beim Vortrag, allgemein beim Artikulieren einzugehen und verschiedene Sprachstile zu üben.*

Baustein 12.5

## Information:

Molière hat gesagt: „Wer so gut spricht, dass er verstanden wird, spricht gut."
Es geht bei einem Vortrag also darum, eine Sprache zu finden, die die Zuhörer auch verstehen.
Dazu gibt es einige Regeln, die du beachten solltest, wenn du dich verständlich ausdrücken willst.

## Anleitung:

Versuche die folgenden Regeln nacheinander umzusetzen, nicht alle sofort auf einmal.

**1) Kurze Sätze**
Da sich unser Ultrakurzzeitgedächtnis für die Sprachwahrnehmung nur an die letzten sechs Sekunden erinnern kann, sind lange, verschachtelte Sätze kaum zu verstehen. Teste bei dir selbst aus, wie viele Worte du in 6 Sekunden vortragen kannst und richte deine Satzlänge danach aus.

***Beispiel:*** *Während der Mond auf seiner Bahn die Ekliptik schneidend zur Zeit des Vollmondes in den Erdschatten eintritt, ist dieses Naturschauspiel von überall auf der Nachtseite der Erde aus zu beobachten, vorausgesetzt der Mond ist bereits aufgegangen.*

***Besser:*** *Es kommt zu einer Mondfinsternis, wenn der Mond in den Schatten der Erde eintritt. Das ist der Fall, wenn zur Vollmondzeit die Mondbahn die Ekliptik schneidet und durch den Erdschatten verläuft. Dies kann man von der Nachtseite der Erde aus sehen.*

**2) Verben an den Anfang**
Sollten längere Sätze einmal unumgänglich sein, dann stelle das Verb voran. Das erleichtert enorm das Verstehen.

***Beispiel:*** *Durch intensive Bestrahlung mit UV-Licht kann man das Pflanzenwachstum beeinflussen.*

***Besser:*** *Intensive UV-Strahlen beeinflussen das Pflanzenwachstum.*

**3) Fachwörter und Abkürzungen**

Durch die Verwendung von Fachwörtern und Abkürzungen protzt du nur mit deinem Wissensvorsprung. Benutze also nur diejenigen, die deine Zuhörer auch verstehen, und erläutere nur die wenigen neuen Fachbegriffe, die du unbedingt brauchst.
(Beobachte dich selbst und prüfe, wie viele Fach- und Fremdworte du in deiner Alltagssprache gebrauchst.)

***Beispiel:***
*Die Permanenz eines Objekts ist eine Funktion seiner Lokalisierbarkeit.*

**4) Keine Modewörter oder Vulgärsprache**

Beurteile selber, was du als Zuhörer wahrnimmst, wenn du etwa folgende Passage hörst:

***Beispiel:***
*„Wirklich echt geil, wie man mit dem Gerät im Dschungel der Sender rumsurfen kann. Und die Bassreflexbox – echt groofy! Da kommt die Power richtig rüber und macht dich voll an. ...“*

**5) Verbal- statt Nominalstil**

Wenn du aus Verben Substantive machst, dann wird der Inhalt komplexer, geschwollener und umständlicher. Versuche gleich einmal den folgenden Text mit Verben zu formulieren.

***Beispiel:***
*„Der Schülerrat erhebt die Forderung der Neuorientierung der Regelung über das Zusammenleben der Schulgemeinde. Dazu besteht die Notwendigkeit sowie auch die Dringlichkeit der Überarbeitung der von der Schüler-, Lehrer- und Elternschaft mit Beschluss von '92 erlassenen Schulordnung.“*

**6) Satzverbindungen**

Mit ihnen werden nicht nur Sätze und Gedanken verbunden, sondern auch deren Inhalte verändert oder auch hervorgehoben. Einige dieser Satzverbindungen sind etwa: *denn, obwohl, weil, aber, sowohl ... als auch, nicht nur ... sondern auch, weder ... noch, hingegen, dagegen, indessen, als, wie, zwar, jedoch, nämlich, falls, wenngleich usw.*

Ersetze im folgenden Text das „und“ durch andere angemessenere Satzverbindungen.

***Beispiel:***
*„Und ich bin der Meinung, dass wir alle in einem Boot sitzen und dass wir auch das Zeug haben und rudern können. Und wir werden an dem Erfolg und dem Fortschritt und der Bestätigung wachsen und wir werden neue Energie bekommen und ganz neue Ziele erreichen können. Und jeder wird sich auf seine Art und Weise in diesen Prozess einbringen können.“*

## Übung zu 12.5:

Im nachfolgenden Text sind viele der oben genannten Regeln missachtet. Decke die Regelverstöße auf und suche eine bessere Formulierung.

*Unter Beachtung der Voraussetzung einer nichtlinearen Beschleunigung erreicht das Fahrzeug innerhalb des ersten Fünf-Sekunden-Intervalls eine Geschwindigkeit von annähernd 22 Meter pro Sekunde. Da hat die Kiste also schon gut Speed drauf. Im Verlauf der nächsten Phase kann trotz permanenter Drehzahlerhöhung kein weiterer Anstieg des Drehmoments erreicht werden. Bei 8000 rpm ist die Belastungsgrenze erreicht und der Vorgang muss nun invertiert werden.*

# PRÄSENTATIONSTECHNIKEN

## *Vortrag – Redefiguren – Anschaulichkeit*

*Hinweise zum Einsatz:*
*Besonders in den gesellschaftswissenschaftlichen Fächern der Oberstufe wird von den Schülerinnen und Schülern erwartet, dass sie ihre eigenen Gedanken und Argumente bewusst formulieren können. In Zusammenarbeit mit dem Fach Deutsch lassen sich mit den Bausteinen 12.6.x gute Grundlagen legen.*

Baustein 12.6.1

## Information:

Sprachliche Anschaulichkeit bedeutet, dass Sie Ihre Sprache so wählen, dass in den Köpfen Ihrer Zuhörer Bilder entstehen. An solche Bilder werden sich Ihre Zuhörer leichter erinnern. Da sie mit den Bildern eigene Erfahrungen assoziieren, wird das Gehörte dauerhaft verankert.
Wie kann man nun sprachlich solche Anschaulichkeit erzeugen? Nachfolgend sind die gängigen Redefiguren mit einigen Beispielen genannt.

## Anleitung:

Sie können Ihre Sprache durch Beispiele, Metaphern, Personifikationen und Wortspiele anschaulich machen.

**1) Allegorien und Metaphern**

Das sind bildhafte Vergleiche, mit denen Sie den Sachverhalt, über den Sie sprechen, in Beziehung setzen. Die Allegorie vergleicht, die Metapher setzt gleich. Leichte Übertreibungen können Ihre Aussage unterstreichen.

*Er fuhr wie ein Henker.*
*Ich hüte es wie meinen Augapfel.*
*fauler Zauber; teuflisch guter Wein*

Man benutzt sicherlich auch ganz unbewusst Metaphern, die längst fester Bestandteil unseres Sprachschatzes geworden sind, und erzeugt damit Bilder.

*Beispiele: Kotflügel, Tischbein, Flaschenhals, Bücherwand, …*

Hier beißt du auf Granit.

**2) Personifikationen**

Mit dieser Redefigur können Sie Dinge und Begriffe zum Leben erwecken. Sie schreiben ihnen einfach Eigenschaften von Personen zu.

*Der Nebel erhob sich langsam aus dem Bett der feuchten Wiesen.*
*Bei so vielen Lügengeschichten bogen sich die Balken.*
*Der Baum ließ seine Äste wie schlaffe Arme hängen und schlief vor sich hin.*
*Die Langeweile überfiel ihn. Die Traurigkeit hüllte ihn mit ihrem schwarzen Tuch ein.*

**3) Das Beispiel**

Dies ist sicher die bekannteste Redefigur. Sie bietet viele Vorzüge:

- Leicht und einfach lassen sich Beispiele konstruieren.
- Das Beispiel ist konkret und an ihm lässt sich manches besser verdeutlichen als an abstrakten Begriffen.
- Beispiele bieten „Ankerplätze" für die Erfahrungen der Zuhörer.
- Beispiele sind an der Anwendung orientiert.

**4) Wortspiele**

Sie lockern den Vortrag auf und veranschaulichen zugleich durch ihren sprachlichen Beziehungsreichtum. Sie sollten den Sachverhalt treffend wiedergeben und nicht zusammenhanglos nur um ihrer selbst willen eingesetzt werden.

*Ruhevolle Kraft – kraftvolle Ruhe.*
*Der Zweck heiligt die Mittel – aber wer heiligt den Zweck?*
*Wissen ist Macht – nichts wissen macht auch nichts.*

## Übung zu 12.6.1:

1) Suche dir zu jeder der oben genannten Gruppen jeweils drei weitere Beispiele.

2) Vervollständige die folgenden Sätze anschaulich!

Alte Verfehlungen werfen . . . . . . . . . . . . . . . . . . . . . . . . . . . . . . . .
Sag, was du zu sagen hast, und nicht, was . . . . . . . . . . . . . . . . . . . . . . .
Schilfgrasklingen kreuzten . . . . . . . . . . . . . . . . . . . . . . . . . . . . . . . .
Das Summen der Insekten – wie . . . . . . . . . . . . . . . . . . . am Gewand der Stille.
Der Mond . . . . . . . . . . . . . . . . . . . . . . . . . . . . in die Felder.
Gutes Benehmen – die Fähigkeit, mit geschlossenem Mund . . . . . . . . . . . . . . . . . .
Unkraut – eine Pflanze, die alle Überlebenskünste beherrscht, außer . . . . . . . . . . . .
Der beste Kopf in manchen Unternehmen ist . . . . . . . . . . . . . . . . . . . . . . . .
Die Gegenwart ist der Punkt, an dem sich Augenblick und . . . . . . . . . . . . . . . . . .
Es kann sein, dass du eine gute Gelegenheit verpasst, während du . . . . . . . . . . . .
Lebenskunst hat mehr mit einem Ringkampf als mit . . . . . . . . . . . . . . . . zu tun.
Wo eine Hand die andere wäscht, . . . . . . . . . . . . . . . . . . . . . . . . . . . . . .

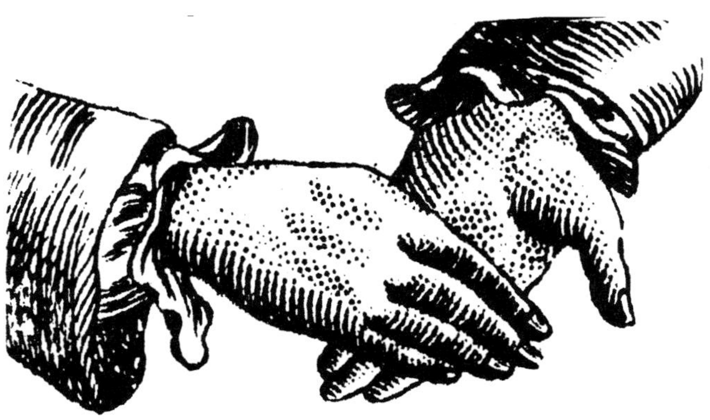

Hier sind möglicherweise Worte, die in Aufgabe 2 passen:
*auf – berühren – bleibt – Briefkopf – der – du – eine – einem – Ewigkeit – gähnen – Glied – Glöckchen – im – in – keine – lange – passende – Reih – sagen – sauber – Schatten – sich – Silberfäden – Tanz – und – wachsen – wartest – webt – Wind – winzige – wolltest – zu – zu.*

# PRÄSENTATIONSTECHNIKEN

## *Vortrag – Redefiguren – Verstärkung*

*Hinweise zum Einsatz:*
*Besonders in den gesellschaftswissenschaftlichen Fächern der Oberstufe wird von den Schülerinnen und Schülern erwartet, dass sie ihre eigenen Gedanken und Argumente bewusst formulieren können. In Zusammenarbeit mit dem Fach Deutsch lassen sich mit den Bausteinen 12.6.x gute Grundlagen legen.*

Baustein 12.6.2

## Information:

Sie möchten einen Sachverhalt in Ihrem Vortrag verstärken, ihn mit mehr Nachdruck an Ihre Zuhörer bringen. Dafür gibt es verschiedene sprachliche Formen und Sie sollten von Fall zu Fall überlegen, welche Art die beste Wirkung hervorbringen wird.

## Anleitung und Übung:

Suchen Sie zu den aufgeführten Formen jeweils zwei weitere Beispiele.

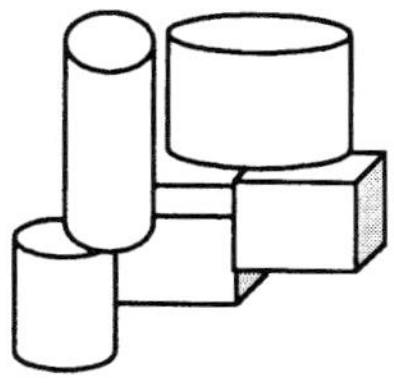

**1) Anhäufung**

Bei dieser einfachen, aber dennoch effektvollen Form werden viele Aspekte eines Oberbegriffs aneinandergereiht. Die Menge der ähnlichen Aussagen bringt dann die Verstärkung.

*Durch den Krieg im Kosovo wurden Familien getrennt, der Mann von der Frau, die Schwester vom Bruder, die Eltern von den Kindern, ...*

**2) Wiederholung als Prinzip**

Verwenden Sie hierzu mehrere Sätze, die alle in der gleichen Form anfangen (oder auch enden). Auch hier bringt wieder die Menge den Verstärkungseffekt, genauso wie die direkte Wiederholung. Aber aufgepasst: den Bogen nicht überspannen, denn zu viel von dem Gleichen wirkt langweilig.

*Um es ganz deutlich zu sagen: Nur so werden wir mehr Wähler bekommen. Nur so werden wir die Parteikasse wieder füllen können. Nur so können wir die Regierung ablösen.*
*Jedes hat seine Zeit. Reden hat seine Zeit. Schweigen hat seine Zeit. ...*
*Niemand, aber auch wirklich niemand wird durch diese Gesetze benachteiligt.*

**3) Parallele**

Das Prinzip der Parallele bedeutet, dass die Sätze nach dem gleichen Muster konstruiert sind. Das Wiederholende und Verstärkende ist also die Struktur der Sätze.

*Wer viel schießt, ist noch kein guter Schütze. – Wer viel redet, ist noch kein guter Redner.* (Konfutse)
*Schreibe, wie du sprichst. Sprich, wie du denkst.*

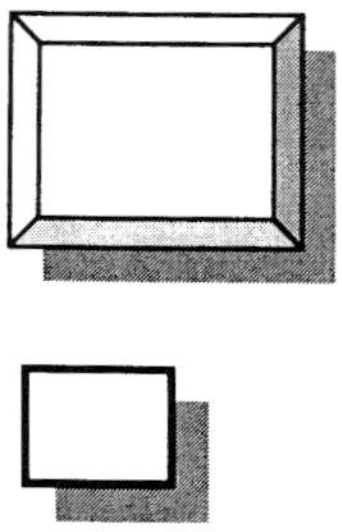

**4) Verbesserung**

Möchten Sie diese Redefigur verwenden, dann müssen Sie sich selber ins Wort fallen. Sie verbessern einen Begriff, den Sie gerade verwendet haben, um ihn zu steigern, zu präzisieren, um ihn einfach gewichtiger zu präsentieren.

*Ich möchte euch bitten, ja beschwören, in der SV mitzuarbeiten.*
*Er war sehr krank, – was sage ich, er hatte den Tod schon vor Augen.*

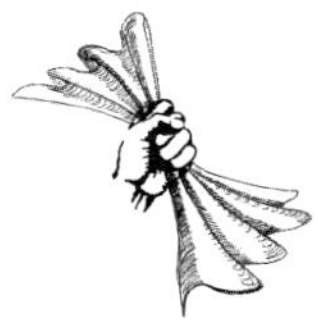

**5) Raffung**

Bei diesem Stilelement fasst man im Telegrammstil längere Prozesse zusammen.

*„Veni, vedi, vici. – Ich kam, sah und siegte" ist ein klassisches Beispiel.*
*Das Glas fiel um, rollte, stürzte und zerbrach in tausend Scherben.*

**6) Rhetorische Frage**

Das sind Scheinfragen, die den Zuhörer zum Mitdenken anregen sollen. Aber vom Zuhörer wird nie erwartet, eine Antwort darauf zu geben, und dies ist auch gar nicht gewünscht. Eine rhetorische Frage wird ausschließlich von Vortragenden selbst beantwortet oder sie bleibt offen im Raum stehen.

*Wer hätte 1985 schon an die Wiedervereinigung geglaubt?*
*Wollen Sie dies wirklich dem Zufall überlassen? Sicherlich nicht.*

**7) Einschub**

Grammatikalisch handelt es sich bei einem Einschub um die Unterbrechung eines Satzes, ohne diesen in seiner Struktur zu verändern. Der Einschub wird einfach zwischen zwei Kommata eingefügt.

*..., ganz nebenbei bemerkt, ..., wie Sie sicherlich schon wissen, ...*
*..., ganz im Vertrauen gesagt, ..., was ich schon immer sagen wollte, ...*

Dadurch, dass man eine Nebensächlichkeit ausdrücklich als solche hervorhebt, wird sie zur gewichtigen Aussage. Ein Einschub unterstreicht also. Das zweite Beispiel wird oft verwendet, obwohl der Sprecher weiß, dass seine Zuhörer das angesprochene Vorwissen sicherlich nicht haben. Er betont damit, dass er der Experte ist und unterdrückt bei seinen Zuhörern eventuelle Nachfragen.

**8) Zitate**

Verwenden Sie in Ihrem Vortrag Zitate, dann machen Sie damit deutlich, dass Sie mit Ihrer Meinung nicht alleine sind. (Bedeutende) Persönlichkeiten unterstreichen mit dem eingefügten Zitat Ihre Argumentation. Es macht Sie auch unanfechtbar und Sie demonstrieren gleichzeitig, dass Sie in der Materie belesen sind.

**9) Pause**

Viele Vortragende reden zu schnell und überfahren die Zuhörer regelrecht. Bedenken Sie, die Zuhörer sind bzgl. des Themas längst nicht so eingelesen wie Sie. Also grundsätzlich: langsamer ist besser als schnell.
Eine eingefügte kleine Redepause gibt den Zuhörern Zeit zum Nachdenken. Ihr letztes Argument erhält damit mehr Gewicht. Wenn Sie in dieser kurzen Redepause den Blickkontakt zu den Zuhörern aufrecht halten können, dann wirkt die Pause auch verstärkend auf das, was danach folgen wird. Denn das, was nun folgt, scheinen Sie sich in der Pause ja reiflich überlegt zu haben. Sie werden selber merken, wie lange eine Pause sein darf, damit der Spannungsbogen optimal genutzt werden kann.

PRÄSENTATIONSTECHNIKEN

*Vortrag – Textanalyse*

*Hinweise zum Einsatz:*
*Im Fach Deutsch der Oberstufe spielt die Textanalyse eine wichtige Rolle. Texte von Reden zu analysieren vertieft die eigene Redepraxis.*

Baustein 12.7

## Information:

Anhand eines Redetextes können Sie versuchen die verschiedenen Sprachstile aus den Bausteinen 12.5 und 12.6 wiederzuerkennen. Im folgenden Text ist die Rede wiedergegeben, die John F. Kennedy am 26.6.1963 in Berlin gehalten hat.

## Anleitung:

**John F. Kennedy:** ***Ich bin ein Berliner***

„Meine Berliner und Berlinerinnen!
Ich bin stolz, heute in Ihre Stadt zu kommen als Gast Ihres hervorragenden Regierenden Bürgermeisters, der in allen Teilen der Welt als Symbol für den Kampf und den Widerstandsgeist West-Berlins gilt.

Ich bin stolz, auf dieser Reise die Bundesrepublik Deutschland zusammen mit Ihrem hervorragenden Herrn Bundeskanzler besucht zu haben, der während so langer Jahre die Politik bestimmt hat nach den Richtlinien der Demokratie, der Freiheit und des Fortschritts.
Ich bin stolz darauf, heute in Ihre Stadt in Gesellschaft eines amerikanischen Mitbürgers gekommen zu sein. General Clay, der hier tätig war in der Zeit der schwersten Krise, durch die diese Stadt gegangen ist, und der wieder nach Berlin kommen wird, wenn es notwendig werden sollte.
Vor zweitausend Jahren war der stolzeste Satz, den ein Mensch sagen konnte, der: Ich bin ein Bürger Roms! Heute ist der stolzeste Satz, den jemand in der freien Welt sagen kann: Ich bin ein Berliner!
Wenn es in der Welt Menschen geben sollte, die nicht verstehen oder die nicht zu verstehen vorgeben, worum es heute in der Auseinandersetzung zwischen der freien Welt und dem Kommunismus geht, dann können wir ihnen nur sagen, sie sollen nach Berlin kommen.
Es gibt Leute, die sagen, dem Kommunismus gehöre die Zukunft. Sie sollen nach Berlin kommen!
Und es gibt wieder andere in Europa und in anderen Teilen der Welt, die behaupten, man könne mit den Kommunisten zusammenarbeiten. Auch sie sollen nach Berlin kommen.
Und es gibt auch einige wenige, die sagen, es treffe zwar zu, dass der Kommunismus ein böses und schlechtes System sei; aber er gestatte es ihnen, wirtschaftlichen Fortschritt zu erreichen. Aber lasst auch sie nach Berlin kommen!
Ein Leben in Freiheit ist nicht leicht, und die Demokratie ist nicht vollkommen. Aber wir

hatten es nie nötig, eine Mauer aufzubauen, um unsere Leute bei uns zu halten und sie daran zu hindern, woanders hinzugehen.
Ich möchte im Namen der Bevölkerung der Vereinigten Staaten, die viele tausend Kilometer von Ihnen entfernt auf der anderen Seite des Atlantik lebt, sagen, dass meine amerikanischen Mitbürger sehr stolz darauf sind, mit Ihnen zusammen selbst aus dieser Entfernung die Geschichte der letzten achtzehn Jahre teilen zu können. Denn ich kenne keine Stadt, die jemals achtzehn Jahre lang belagert wurde und dennoch lebt mit ungebrochener Vitalität, mit unerschütterlicher Hoffnung, mit gleicher Stärke und mit gleicher Entschlossenheit wie heute West-Berlin.

Die Mauer ist die abscheulichste und die stärkste Demonstration für das Versagen des kommunistischen Systems. Die ganze Welt sieht dieses Eingeständnis des Versagens.

Wir sind darüber keineswegs glücklich, denn, wie Ihr Regierender Bürgermeister gesagt hat, die Mauer schlägt nicht nur der Geschichte ins Gesicht, sie schlägt der Menschlichkeit ins Gesicht.
Durch die Mauer werden Familien getrennt, der Mann von der Frau, der Bruder von der Schwester, Menschen werden mit Gewalt auseinander gehalten, die zusammen leben wollen.
Was für Berlin gilt, gilt für Deutschland: Ein echter Friede in Europa kann nicht gewährleistet werden, solange jedem vierten Deutschen das Grundrecht einer freien Wahl vorenthalten wird. In siebzehn Jahren des Friedens und der europäischen Verlässlichkeit hat diese Generation der Deutschen sich das Recht verdient, frei zu sein, einschließlich des Rechtes, die Familien und die Nation in dauerhaftem Frieden wieder vereint zu sehen im guten Willen gegen jedermann.
Sie leben auf einer verteidigten Insel der Freiheit. Aber Ihr Leben ist mit dem des Festlandes verbunden, und deswegen fordere ich Sie zum Schluss auf, den Blick über die Gefahren des Heute hinweg auf die Hoffnung des Morgen zu richten, über die Freiheit dieser Stadt Berlin, über die Freiheit Ihres Landes hinweg auf den Vormarsch der Freiheit überall in dieser Welt, über die Mauer hinweg, auf den Tag des Friedens in Gerechtigkeit.
Die Freiheit ist unteilbar, und wenn auch nur einer versklavt ist, dann sind nicht alle frei.
Aber wenn der Tag gekommen sein wird, an dem alle die Freiheit haben und Ihre Stadt und Ihr Land wieder vereint sind, wenn Europa geeint ist und Bestandteil eines friedvollen und zu höchsten Hoffnungen berechtigten Erdteils, dann können Sie mit Zufriedenheit von sich sagen, dass die Berliner und diese Stadt Berlin zwanzig Jahre lang Front gehalten haben.

Alle freien Menschen, wo immer sie leben mögen, sind Bürger dieser Stadt West-Berlin, und deshalb bin ich als freier Mann stolz darauf, sagen zu können: Ich bin ein Berliner!"

# Übung zu 12.7:

Suchen Sie die Textpassagen und überprüfen Sie die analysierten Stilmittel.

„Ich bin stolz, ... Ich bin stolz, ... Ich bin stolz, ..."
*Wiederholung gleicher Satzanfänge*

„... Ihres hervorragenden Regierenden Bürgermeisters Ihrem hervorragenden Herrn Bundeskanzler ..."
*Wiederholung*

„... Richtlinien der Demokratie, der Freiheit und des Fortschritts ..."
*Anhäufung*

„... schwerste Krise, durch die diese Stadt gegangen ist ..."
*Personifikation (eine Stadt kann nicht gehen)*

„Vor zweitausend Jahren ... Heute ..."
*Antithese*

„Ich bin ein Bürger Roms!" ... „Ich bin ein Berliner!"
*Parallele*

„Wenn es geben sollte ..." „Es gibt ..." „Und es gibt... Und es gibt ..."
*Wiederholung*

„... sie sollen nach Berlin kommen." „Sie sollen nach Berlin kommen!" „Auch sie sollen nach Berlin kommen!" „Aber lasst auch sie nach Berlin kommen!"
*Parallele und Wiederholung*

„... freien Welt und dem Kommunismus"
*Gegensatz*

„... ungebrochener Vitalität, mit unerschütterlicher Hoffnung, mit der gleichen Stärke und mit der gleichen Entschlossenheit ..."
*Anhäufung*

„... die Mauer schlägt nicht nur der Geschichte ins Gesicht, sie schlägt der Menschlichkeit ins Gesicht."
*Metapher; Personifikation*

„... werden Familien getrennt, der Mann von der Frau, der Bruder von der Schwester ..."
*Anhäufung*

„... Menschen werden mit Gewalt auseinander gehalten, die zusammen leben wollen."
*Gegensatz*

„... Berlin ... Deutschland ... Europa ..."
*Steigerung*

„... einer verteidigten Insel der Freiheit." „... Leben ist mit dem Festland verbunden ..."
*Metapher*

„... Insel ... Festland ..." „Gefahren des Heute hinweg auf die Hoffnung des Morgen ..."
*Gegensätze*

„über die Freiheit ... über die Freiheit ... der Freiheit überall ..."
*Anhäufung*

„... Ihres Landes hinweg ... über die Mauer hinweg ..."
*Parallele*

„...Stadt Berlin ... Ihres Landes ... der Welt ..."
*Steigerung*

„... versklavt ..."
*Metapher*

„... Ihre Stadt ... Ihr Land ... wenn Europa ..."
*Steigerung*

„... die Front gehalten haben ..." „... alle freien Menschen ... sind Bürger dieser Stadt West-Berlin."
*Metapher*

„Ich bin ein Berliner!"
*Wiederholung*

# PRÄSENTATIONSTECHNIKEN

## Vortrag – Vortragsmanuskript

*Hinweise zum Einsatz:*
*Im Deutschunterricht der Oberstufe wird in vielfältiger Weise auf Vorträge hingearbeitet. Eine Anleitung zum Schreiben eines Manuskripts darf bei diesem Thema nicht fehlen.*

Baustein
12.8

## Information:

Ihr Ziel sollte es sein, Ihren Vortrag oder Ihre Rede frei zu halten. Auf keinen Fall sollten Sie nur stur vom Blatt ablesen. Dadurch würde wohl auch der letzte wohlgesonnene Zuhörer gelangweilt. Den ganzen Text auswendig lernen, das ist auch kaum möglich und muss auch gar nicht sein.
Sie brauchen eine Hilfe, damit Sie den berühmten „Roten Faden" nicht verlieren, und dies ist das Manuskript, das Sie als Gedächtnisstütze benutzen können.

## Anleitung:

Gliedern Sie sich Ihr Manuskript optisch durch die folgende **systematische Unterteilung**:

| **Grobgliederung** | **Details** | **Zeit** |
|---|---|---|
| **Einleitung:**<br>… … … | | |
| **Hauptteil:**<br>… … … | | |

Sie erhöhen weiter die Übersichtlichkeit, wenn Sie sparsam und **gezielt Farben** verwenden.

Zum Beispiel:
*rot* der „Rote Faden",
*grün* all das, was sehr wichtig ist, was auf jeden Fall erwähnt werden muss,
*blau* was bei Zeitdruck auch weggelassen werden kann,
*schwarz* was hinzugefügt werden kann, wenn die Zuhörer Interesse zeigen.

Neben der tabellarischen Form eines Manuskripts gibt es auch die Form mit Unterstützung des Mindmappings (siehe auch Baustein 1.3).
Hier sehen Sie ein Beispiel zum Thema Kommunikation:

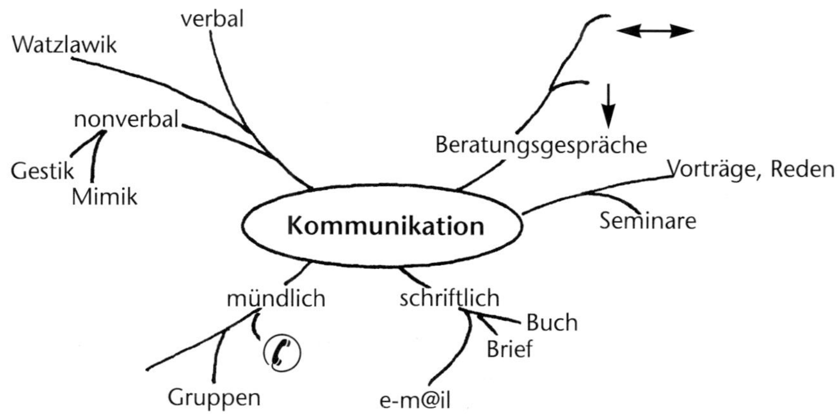


Besonders für Vorträge, in denen Abläufe, technische Prozesse oder Entwicklungen präsentiert werden, eignet sich für ein Manuskript auch ein Flussdiagramm.
Hier ein Beispiel zum Thema „Ballonflug“

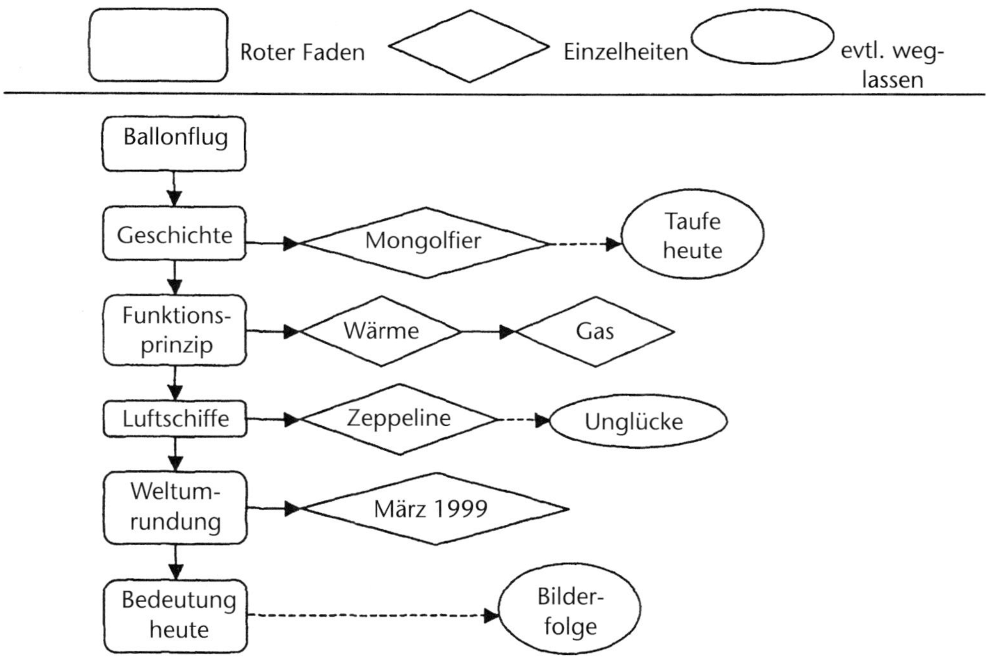


## Übungen zu 12.8:

1) Entwerfen Sie ein Manuskript für einen Vortrag zum Thema „Die Rechte der Schüler in der Schule“

2) Erstellen Sie ein Mindmapping-Manuskript zum Thema „Waldsterben“

3) Erstellen Sie ein Flussdiagramm-Manuskript für einen kleinen Vortrag zum Thema „Wie bediene ich ein Faxgerät?“

# PRÄSENTATIONSTECHNIKEN

## Vortrag – Gruppenvortrag

*Hinweise zum Einsatz:*
*Referate sollen ab den Klassen 9/10 auch von Kleingruppen vorgetragen werden. In den gesellschaftswissenschaftlichen Fächern ergeben sich vielfältige Aspekte zu einem Thema.*

Baustein
12.9

## Information:

Du hast in einer Kleingruppe ein Thema bearbeitet und nun seid ihr aufgefordert, darüber zu berichten und einen kurzen Vortrag zu halten.
Vielleicht hattet ihr euch am Anfang der Gruppenarbeit schon auf einen Sprecher/eine Sprecherin geeinigt, dann wird dieser oder diese den Vortrag wohl übernehmen. Es gibt jedoch auch die Möglichkeit gemeinsam einen Vortrag zu halten, an dem alle Gruppenmitglieder beteiligt sind.

## Anleitung:

Um einen Vortrag gemeinsam zu gestalten, solltet ihr die folgenden Aspekte beachten:

**1) Gliedern**

Da ihr ja schlecht alle durcheinander reden könnt, müsst ihr den Vortrag sinnvoll aufgliedern – z. B. in:
Einleitung, Hauptteil mit seinen einzelnen Unterthemen, Schlussteil.
Jeder kann dann einen Teil übernehmen.
Eine andere Art der Unterteilung ist folgende: Während einer die Theorie vorträgt, tragen die anderen die Beispiele dazu bei, und das immer im Wechsel.

Vielleicht benötigt euer Thema auch eine ganz eigene Gliederung, die sich vom Inhalt her anbietet.

**2) Verteilte Rollen**

Jeder Teil des Vortrags wird nun von einer anderen Person vorgetragen.
Während eine(r) z. B. immer wieder den „Roten Faden“ aufnimmt, steuern die anderen jeweils erläuternde Beispiele bei.
Während eine Person erzählt, fertigen andere Skizzen und Zeichnungen an und erläutern diese.

**3) Unterschiedliche Talente nutzen**

In der Besetzung der verschiedenen Aufgaben für einen Gruppenvortrag solltet ihr eure unterschiedlichen Talente nutzen. Während eine(r) ganz gut reden kann, ist eine andere Person vielleicht Spitze, wenn es um Zeichnungen geht. Weitere können vielleicht am PC gut agieren, den ihr zum Vortrag mit einsetzen wollt. Wieder ein(e) andere(r) kann gute Zusammenfassungen liefern oder ein Papier als Handreichung erstellen. Im Prinzip sollte jeder aus der Gruppe über alle Vortragsteile Bescheid wissen. Für die Präsentation werden aber vorzugsweise die „Experten" eingesetzt.

Ein Gruppenvortrag, der auf diese Art dargeboten wird, lässt die Beiträge von jedem einzelnen Gruppenmitglied erkennen und zeigt, wie gut ihr zusammengearbeitet habt.

## Übung zu 12.9:

Versucht euch einmal mit einer Kleingruppenarbeit zum Thema

„Wie entsteht ein Vulkan?"

Gliedert das Thema in Stichworten so auf, dass vier Personen daraus einen Gruppenvortrag halten können.

# INTERAKTION

## Diskussion – Diskussionsleitung

Baustein 13.3

*Hinweise zum Einsatz:*
*In den Jg. 9/10 werden zunehmend Diskussionsrunden im Unterricht durchgeführt, verstärkt in den Fächern Sozialkunde, Erdkunde, Religion und Deutsch. Diese sollten von Schülern selbst geleitet werden.*

## Information:

Diskussionsleitung ist ein schwieriges Geschäft und will gut geübt sein. Man kann die Aufgabe mit der eines Schiedsrichters vergleichen, der auf dem Fußballfeld auch zwischen den beiden Parteien steht und den Ablauf des Spiels in der Hand hat.
Als Diskussionsleiter hast du viele Aufgaben und bist letztlich für den Ablauf verantwortlich. An dir wird es liegen, ob die Teilnehmer sich in die Haare kriegen oder ob es zu einem interessanten Austausch der Argumente kommt, ob man aneinander vorbei redet oder zu neuen Einsichten gelangt.

## Anleitung:

**Aufgaben eines Diskussionsleiters:**

Der Diskussionsleiter oder die Diskussionsleiterin

- begrüßt die Gesprächsteilnehmer und stellt sie, falls nötig, einander vor,
- führt kurz in das Thema ein,
- verteilt das Rederecht an die einzelnen Teilnehmer,
- notiert sich die Wortmeldungen und legt sich ggf. eine Rednerliste an,
- achtet auf die Gesprächsdisziplin,
- weist ggf. Beiträge zurück, wenn sie nicht zum Thema gehören,
- fasst die Beiträge zusammen und zeigt den Stand der Diskussion auf,
- gibt vor, in welcher Richtung die Diskussion sich im Anschluss bewegen soll,
- leitet, falls nötig, Abstimmungen ein und führt diese ordnungsgemäß durch,
- gibt jedem Teilnehmer oder jeder Seite die Möglichkeit zu einem Schlusswort,
- fasst am Ende der Zeit die Diskussion zusammen und beendet die Aussprache.

Damit hat der Leiter/die Leiterin so viel zu tun, dass er/sie sich nur schwerlich selbst mit Argumenten an der Diskussion beteiligen kann. Daher ist es ratsam, sich zu enthalten, oder, was bei der Vielzahl von Aufgaben sinnvoll ist, sich Unterstützung zu holen. Eine weitere Person kann z. B. sich nur um die Führung der Rednerliste kümmern, auf die Zeit achten oder für eine gewisse Phase die Diskussion leiten, wenn du selber unbedingt mit argumentieren möchtest.

## Übung zu 13.3:

1) Schaue dir gezielt Gesprächsrunden und Diskussionen im Fernsehen an. Beobachte dabei genau den oder die Diskussionsleitung. Schreibe dir typische Redewendungen mit,

- wenn die Teilnehmer vorgestellt werden,
- wenn das Wort an einen anderen Teilnehmer weitergegeben wird,
- wenn einer zu lange redet,
- wenn wieder auf das Thema zurückgeführt werden muss,
- wenn zusammengefasst wird,
- wenn auf das bevorstehende Ende hingewiesen wird,
- wenn die Gesprächsrunde beendet wird.

2) Beobachte gezielt verschiedene Gesprächsrunden im Fernsehen, wie etwa „Presseclub", „Sabine Christiansen", „Arabella" oder „Oliver Geissen". Vergleiche die Moderatoren und beurteile, inwieweit sie gute Diskussionsleiter oder Diskussionsleiterinnen sind.

„Sabine Christiansen"

# INTERAKTION

## *Diskussion – Streitgespräch*

*Hinweise zum Einsatz:*
*In den Jg. 9/10 werden zunehmend Diskussionsrunden im Unterricht durchgeführt, verstärkt in den Fächern Sozialkunde, Erdkunde, Religion und Deutsch. Verschiedene Formen der Diskussion können ausprobiert werden.*

Baustein
13.4

## Information:

Ein Streitgespräch dient dazu, konträre Standpunkte gegenüber zu stellen. Die Beteiligten haben die Möglichkeit mit allen zur Verfügung stehenden Argumenten ihren Standpunkt zu untermauern.
Streitgespräche kannst du in vielen Fernsehbeiträgen sehen, besonders vor Wahlen, wenn Kandidat und Gegenkandidat aufeinander treffen. Im Streitgespräch nehmen sie dann zu den verschiedenen, vom Moderator angesprochenen Wahlthemen Stellung und versuchen, den Zuschauer auf ihre Seite zu ziehen.

## Anleitung:

Streitgespräche finden in der Regel zwischen zwei Personen oder zwischen zwei Gruppen statt. Diese werden gegenüber platziert, sodass aus der Sitzanordnung bereits die Konfrontation deutlich wird.
Der Moderator oder Gesprächsleiter erteilt zunächst der einen Seite das Rederecht für einen vereinbarten Zeitraum (2–3 Minuten), dann bekommt die Gegenseite das Rederecht für den gleichen Zeitraum. Die Gegenseite kann die Argumente der anderen Gruppe entkräften und selbst neue Gesichtspunkte einbringen. So wandert das Gespräch immer von einer Seite zur anderen. Nach einer vorher verabredeten Zeit wird das Streitgespräch vom Leiter beendet. Vorher sollte jede Seite noch einmal die Möglichkeit bekommen, ein Schlusswort zu geben.

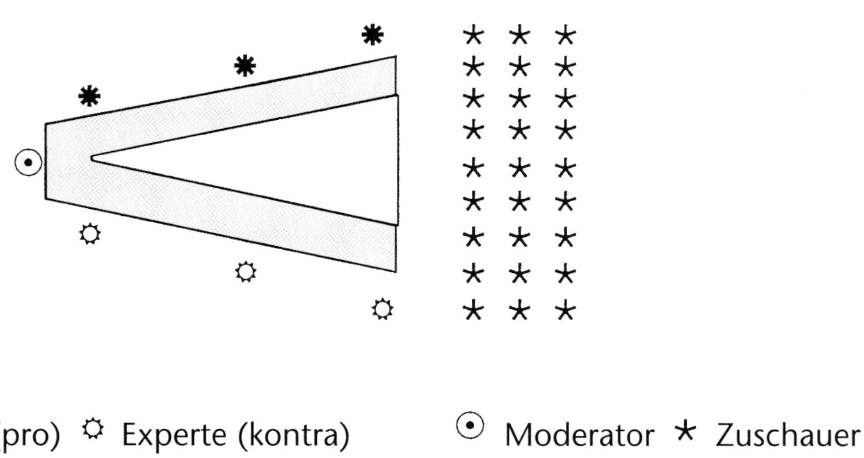

# Übung zu 13.4:

**Thema:** Transrapidstrecke: München – F.-J.-Strauß-Flughafen

Die Klasse teilt sich in zwei Lager (Befürworter und Gegner des möglichen Baus der Strecke). Zurückgezogen sucht jede Seite nach Argumenten für die eigene Position und schreibt diese in Form einer Notiz auf.

Danach benennt jede Seite drei Vertreter für ein Streitgespräch.
Das Streitgespräch wird mit einer Redezeit von jeweils 2 Minuten und genau 6 Stellungnahmen jeder Seite durchgeführt. Dann bekommt jede Seite noch die Möglichkeit für ein Schlusswort.

Die Klasse beurteilt im Anschluss das Streitgespräch und benennt Stärken und Schwächen der Gruppen und der Diskussionsleitung.

Bild: dpa

**Thema:** Abitur schon nach 12 oder erst nach 13 Schuljahren?

Es bilden sich zwei Gruppen, die jeweils eine der beiden Standpunkte vertreten. Man bereitet sich in einer Gruppenarbeitsphase vor und sammelt Argumente für die eigene Position.

In einem 20 Minuten dauernden Streitgespräch sollen je drei Vertreter jeder Gruppe das Thema kontrovers diskutieren. Der oder die Diskussionsleiter(in) fasst am Ende das Streitgespräch zusammen.

# INTERAKTION

## *Diskussion – Fishbowl*

*Hinweise zum Einsatz:*
*In der Oberstufe werden weitere Diskussionsformen zum Tragen kommen, verstärkt in den Fächern Gemeinschaftskunde, Religion und Deutsch.*

Baustein 13.5

## Information:

Fishbowl ist eine Diskussionsform, die sich vor allem im Anschluss an eine Gruppenarbeitsphase anschließt, wenn im Plenum die Ergebnisse und Meinungen der einzelnen Gruppen ausgetauscht und weiter diskutiert werden sollen. Dazu schickt jede Gruppe eine Sprecherin/einen Sprecher in den Gesprächskreis in der Mitte des Raumes. Alle übrigen setzen sich außen herum, hören zu und beobachten den Verlauf der Gesprächsrunde in der Mitte (wie man eben Fische in einem Glas beobachtet).

## Anleitung:

Die Gruppensprecherinnen und Gruppensprecher führen stellvertretend für ihre Gruppenmitglieder das Gespräch und versuchen den Standpunkt der Gruppe zu vertreten.

Ist ein Gruppenmitglied ausnahmsweise nicht einverstanden mit dem, was aus seiner Gruppe gesagt wurde, besteht die Möglichkeit sich hinter seinen Vertreter zu stellen und nun selbst etwas zu ergänzen. Zum Zeichen, dass eine Ergänzung folgt, legt das Gruppenmitglied dem Vertreter die Hand auf die Schulter. Danach setzt sich das Gruppenmitglied wieder auf seinen Platz. Auf keinen Fall übernimmt er oder sie nun die Diskussion für die Gruppe. Eine andere Möglichkeit sich von außen in die Runde einzubringen, besteht durch das Bereitstellen eines freien Platzes, der kurzfristig besetzt werden kann.

Eine andere Form für die außen sitzenden Mitglieder sich einzuschalten ist nicht möglich.

Befolgt man diese Regeln und wahrt die Gesprächsdisziplin, ist die Runde in der Mitte in der Regel sehr effektiv.

Sitzanordnung für die Fishbowl:

*Kreisform* *Hufeisenform*

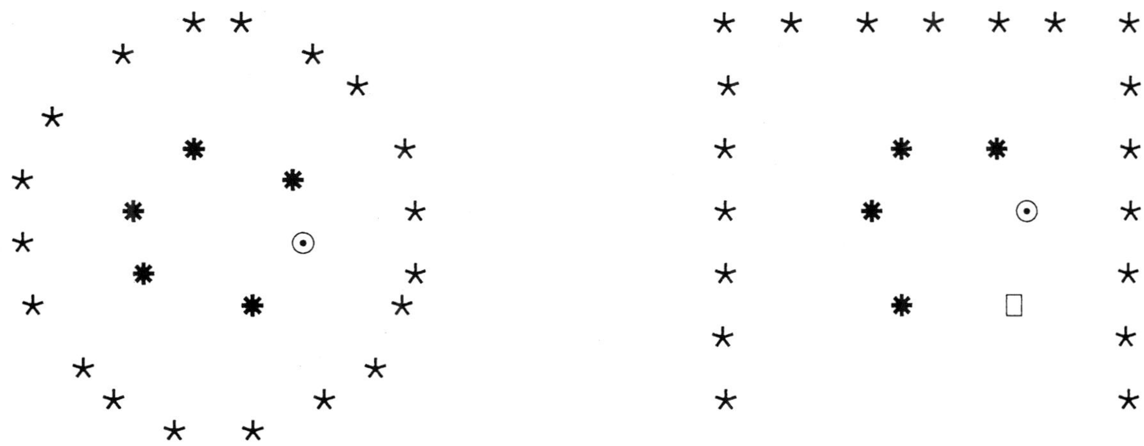

✱ Gruppensprecher ⊙ Moderator □ freier Platz ⋆ übrige Teilnehmer

## Übung zu 13.5:

Diskutieren Sie in Gruppen von max. 5 Personen über den Sinn weiterer Benzinpreiserhöhungen.

Anschließend sollen dann die Gruppenstandpunkte mit der Fishbowl-Methode ausdiskutiert werden. Ziel ist eine gemeinsame Stellungnahme zu dem Thema zu formulieren.

# INTERAKTION

## Diskussion – Podiumsdiskussion

Baustein 13.6

*Hinweise zum Einsatz:*
*In der Oberstufe werden weitere Diskussionsformen zum Tragen kommen, verstärkt in den Fächern Gemeinschaftskunde, Religion und Deutsch.*

## Information:

Eine Podiumsdiskussion ist eine Form der Auseinandersetzung von Experten für ein Publikum. Es ist daher in erster Linie das Ziel eines jeden Experten, das Publikum für seinen Standpunkt zu gewinnen, nicht unbedingt den Diskussionspartner zu überzeugen. Andererseits sollte der Veranstalter einer Podiumsdiskussion darauf achten, dass Vertreter aller relevanten Gruppen, die zu dem Thema etwas zu sagen haben, auch eingeladen werden. Nur dann ist gewährleistet, dass eine solche Podiumsdiskussion zu einem ausgewogenen Meinungsaustausch wird.

## Anleitung:

Es soll eine Podiumsdiskussion zum Thema

„Sind Tierversuche noch zeitgemäß?"

durchgeführt werden.

Einzuladen wären demnach:

- Vertreter der Pharmaindustrie
- Vertreter des Tierschutzbundes
- Vertreter der politischen Parteien
- Vertreter der Kirchen

Wenn alle der Einladung folgen, wird die Diskussionsrunde schnell zu groß. Eine optimale Teilnehmerzahl übersteigt – den Diskussionsleiter nicht mitgerechnet – die Zahl 6 nicht.

Dem Diskussionsleiter kommt eine besondere Aufgabe zu: Er oder sie muss sorgfältig darauf achten,
dass alle Seiten zu einem etwa gleich großen Rederecht kommen,
dass sich keine längeren Dialoge entspinnen,
dass von Zeit zu Zeit das bisher Gesagte zusammengefasst wird und
dass die Diskussion sich auf bestimmte Aspekte konzentriert.

Dazu braucht der Diskussionsleiter fundiertes Vorwissen zum Thema und muss alle Teilnehmer und deren Standpunkte, deren Hintergründe kennen, um diese gezielt ansprechen zu können. Nur so kann er die Fäden in der Hand behalten und die Diskussion lenken.

Sitzanordnung für eine Podiumsdiskussion:

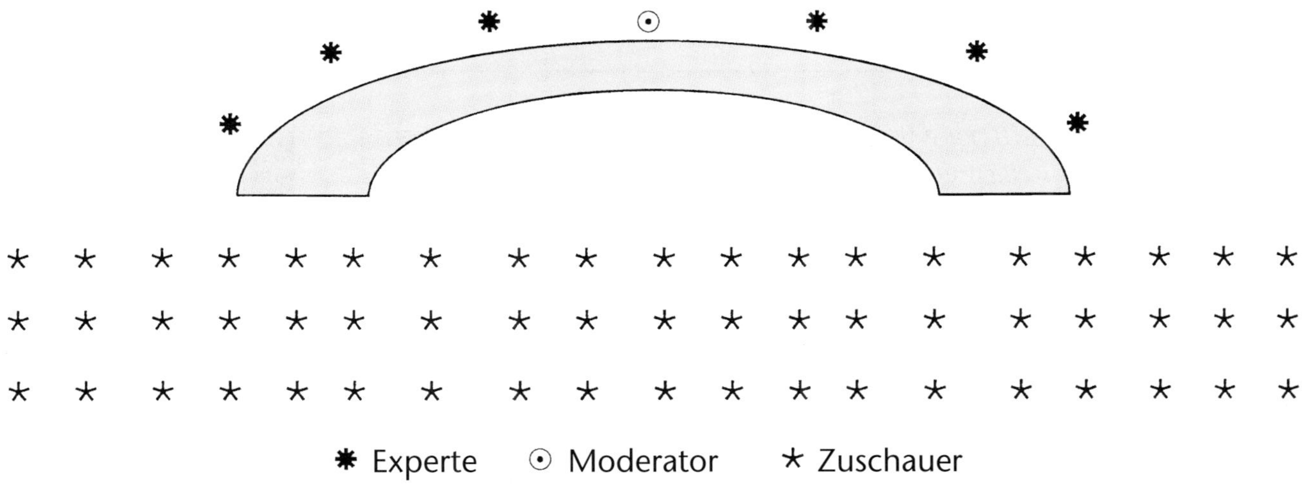


## Übung zu 13.6:

Planen Sie eine Podiumsdiskussion zum Thema

„Einkaufen im Internet – Chancen und Gefahren".

Welche Organisationen sollten vertreten sein?

Welche Teilnehmer würden Sie einladen?

Wie würde ein Thesenpapier dazu aussehen (Baustein 13.7)?

Welche Räumlichkeiten sind geeignet?

Wie würden Sie die Öffentlichkeit auf die geplante Diskussion aufmerksam machen?

# INTERAKTION

## *Diskussion – Thesenpapier*

Baustein 13.7

*Hinweise zum Einsatz:*
*In der Oberstufe werden Diskussionen gezielt angestrebt. Sie werden effektiver, wenn zu Beginn Thesenpapiere eingebracht werden. In Deutsch kann deren Gestaltung angeregt werden.*

## Information:

Man erstellt ein Thesenpapier, um eine Diskussion in Gang zu setzen. Deswegen sollte es knapp gehalten sein. Argumente werden zugespitzt, pointiert präsentiert. So ein Thesenpapier ist also bewusst einseitig und unausgewogen, da es gerade Gegenargumente provozieren will. Ein Thesenpapier stellt immer einen Standpunkt dar, an dem sich die Teilnehmer reiben sollen.

## Anleitung:

**Elemente eines Thesenpapiers**

Ein Thesenpapier enthält in der Regel eine Einleitung und einen Hauptteil.

1) Die Einleitung führt zum Thema hin und soll die Aufmerksamkeit der Leser wecken. Von Interesse in der Einleitung sind nicht allgemeine, bereits bekannte Positionen, sondern das Besondere, das Widersprüchliche. In der Einleitung können Sie kurz und knapp eingehen auf

   - die Relevanz und Bedeutung des Themas,
   - die übliche Bewertung des Problems,
   - Ihre Bewertung des Problems,
   - die Bedeutung Ihrer Gedanken.

2) Im Hauptteil legen Sie dann Ihre Argumentation dar. Sie formulieren kurz Ihre Hauptthesen und bringen sie auf den Punkt. Evtl. untermauern Sie Ihre Thesen durch wenige Quellenangaben oder empirische Befunde. Dann sollten Sie mögliche Einwände gegen Ihre Thesen benennen und mögliche Gegenargumente entkräften.

3) Den Schluss Ihres Thesenpapiers bildet ein Ausblick auf praktische und theoretische Konsequenzen aus Ihren Thesen.

Beispiel eines Thesenpapiers:

**Massentourismus und seine Folgen**

Ferien sind die schönste Zeit des Jahres. Doch was beobachtet man jedes Jahr?

**– ausgebuchte Urlaubsziele; – überbuchte Flüge;**
**– nicht ausreichende Flugkapazität;**
**– große Warteschlangen an den kulturellen und Freizeit-Einrichtungen.**

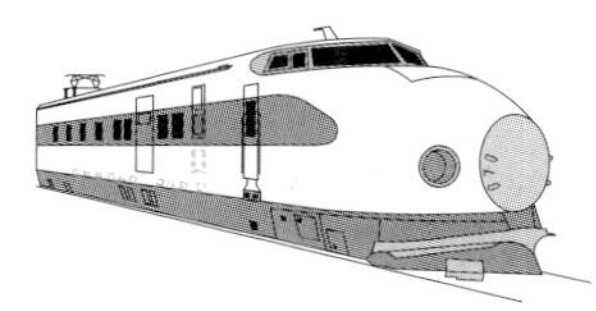

- ► Der Massentourismus muss weiter ausgebaut werden, da die Bedürfnisse nicht befriedigt werden können. Die Welthandelsorganisation (WTO) ermittelte für die letzten Jahre eine Steigerung von 2,9 % und bezifferte die Deviseneinnahmen für 1997 auf 448 Mrd. $ (Statistisches Jahrbuch 1999).
- ► Massentourismus ist ein weltweit wichtiger Wirtschaftszweig, der viele Arbeitsplätze anbietet.
- ► Massentourismus bietet auch dem Kleinverdiener die Möglichkeit sich einen Urlaub leisten zu können.
- ► Auch wenn man z. B. immer wieder hört, wie der Wintersport die Alpenlandschaft schädigt
  – wovon sollten die Bergbauern denn überhaupt leben, wenn nicht vom Tourismus?
- ► Massentourismus lenkt die Urlauber in kontrollierte Bahnen und ist ein Beitrag zum Naturschutz.
- ► Wenn auch einige Landschaftsteile durch Hotelbauten kurzfristig leiden, sieht man am Ruhrgebiet doch, dass industriell genutzte Regionen wieder schön gestaltet werden können, wenn man sie nicht mehr benötigt.

Wird der Massentourismus nicht weiter gefördert, dann wird sich sozialer Unfriede ausbreiten. Dann wird es einen unkontrollierten Individualtourismus geben, bei dem kein Winkel der Erde mehr vor ihm sicher ist.

## Übung zu 13.7:

Erstellen Sie ein Thesenpapier zum Diskussionsthema

„Was soll man noch essen? – BSE überall.“

# INTERAKTION

## Diskussion – Richtig argumentieren (1)

*Hinweise zum Einsatz:*
*Diskussionsrunden in der Oberstufe erfordern effektives Argumentieren. Im Deutsch- oder Gemeinschaftskundeunterricht können die verschiedenen Arten vermittelt werden. Querverweis zu Baustein 12.6.*

Baustein
13.8.1

## Information:

Ein Argument ist ein sehr wichtiges Mittel, wenn Sie jemanden von Ihrer Meinung überzeugen wollen. Aber wie soll man das Argument vorbringen, damit es auch seine Wirkung zeigt?
Zum Argumentieren gibt es verschiedene Mittel und Formen. Es empfiehlt sich sie zu kennen und zu üben, damit Sie dann die richtige Form zum richtigen Zeitpunkt einsetzen können.

## Anleitung:

Hier finden Sie verschiedene Argumentationsmuster:

### 1) Sophistische Argumentation

Damit bezeichnet man eine Art von Spitzfindigkeit, in der man seinen Zuhörer oder Gesprächspartner auf's Glatteis führen kann.

**Beispiel A:** Sokrates: *Was du nicht verloren hast, besitzt du noch?*
Schüler: *Ja.*
Sokrates: *Du hast also Hörner!*
Schüler: *Nein, ich habe keine Hörner.*
Sokrates: *Hörner hast du nicht verloren, also hast du Hörner!*

**Beispiel B:** Schüler: *Kann man für etwas, was man nicht gemacht hat, bestraft werden?*
Lehrer: *Nein.*
Schüler: *Herr Lehrer, ich habe meine Hausaufgaben nicht gemacht!*

Sokrates (ca. 470–399 v. Chr.)

### 2) Worthülsen

Gebrauchen Sie Worthülsen, dann täuschen Sie Fachwissen vor. Mit einem Schwall von Fachausdrücken und Fremdworten können Sie die Zuhörer mundtot machen. Erst wenn Sie immer wieder dieses Mittel benutzen, durchschauen Sie Ihre Zuhörer. Dann allerdings ist Ihr Absturz jäh.

***Beispiele:*** *Nehmen Sie jeweils ein beliebiges Wort aus jeder Spalte und Sie erhalten einen nichtssagenden Ausdruck, mit dem Sie um sich werfen können.*

| Spalte 1 | Spalte 2 | Spalte 3 |
|---|---|---|
| *Progressive* | *Koalitions-* | *Tendenz* |
| *Synchrone* | *Wachstums-* | *Potenz* |
| *Ambivalente* | *Interpretations-* | *Kontingenz* |
| *Konzentrierte* | *Führungs-* | *Struktur* |
| *Funktionelle* | *Fluktuations-* | *Konzeption* |
| *Futuristische* | *Animations-* | *Plausibilität* |
| *Qualifizierte* | *Aktions-* | *Problematik* |
| *Orientierte* | *Übergangs-* | *Phase* |
| *Integrierte* | *Organisations-* | *Ebene* |
| *Permanente* | *Identifikations-* | *Flexibilität* |
| *Systematisierte* | *Drittgenerations-* | *Programmierung* |

**3) Steigerung**

Sie bringen eine Reihe von Thesen vor, die Sie je nach Gewichtigkeit anordnen. Zuerst eine belanglose These, die nächste ist schon wichtiger, die jeweils folgende übertrumpft die vorangegangene usw. So bleibt die letzte in Erinnerung. Wird sie vom Zuhörer geteilt, werden auch alle anderen akzeptiert.

***Beispiel:*** *Die Wälder haben einen Erholungswert für den Menschen. ...*

*Die Wälder produzieren Sauerstoff für die Menschen. ...*

*Wenn der Wald stirbt, stirbt auch der Mensch. ...*

**4) dialektische Form**

Einer **These** wird sofort eine **Gegenthese** gegenübergestellt. Nun werden beide erörtert und man gelangt am Ende zu der **Synthese**, der Lösung.

***Beispiel:***

These: *Der Zweck heiligt die Mittel.*

Gegenthese: *Man kann doch nicht über Leichen gehen!*

Synthese: *Man muss in jeder Situation abwägen, welche Mittel geeignet sind, um einigermaßen zügig ans Ziel zu kommen.*

## Übung zu 13.8.1:

Formulieren Sie Argumentationsketten nach diesen Formen zu den folgenden Thesen:

1) Wir zahlen viel zu viele Steuern.

2) Es gibt viel zu wenig Radwege.

3) Man sollte schon mit 16 den Führerschein machen dürfen.

# INTERAKTION

## Diskussion – Richtig argumentieren (2)

*Hinweise zum Einsatz:*
*Diskussionsrunden in der Oberstufe erfordern effektives Argumentieren. Im Deutsch- oder Gemeinschaftskundeunterricht können die verschiedenen Arten vermittelt werden. Querverweis zu Baustein 12.6.*

Baustein 13.8.2

## Information:

Sind Ihnen die verschiedenen Argumentationsarten geläufig, dann werden Sie auch bei Ihrem Diskussionspartner diese Formen entdecken. Das hilft Ihnen gezielt bei einer Erwiderung (Fortsetzung von Baustein 13.8.1).

## Anleitung:

**5) Dramaturgische Leiter**

Sie gehen bei dieser Form wie bei einer Inszenierung vor. Zunächst bauen Sie eine schwache Negativaussage auf, dann folgt eine magere Positivaussage und dann kommt, wie mit einem Paukenschlag, das ganz wichtige Hauptargument.

***Beispiel:*** *Ohne Druck würden Menschen nicht lernen.*

*Es gibt auch viele Leute, die freiwillig lernen.*

*Es liegt in der Natur des Menschen ständig zu lernen. Es ist für ihn so wichtig wie Essen und Trinken.*

## 6) Deduktives und induktives Argumentieren

Während man bei der Deduktion von einer allgemeinen, gesicherten These auf diverse besondere Gegebenheiten schließt, geht man beim induktiven Argumentieren genau umgekehrt vor: Man erörtert viele Beispiele und schließt dann aus ihnen auf eine allgemeine Aussage.

***Beispiel:***

Deduktives Argumentieren:

*Der Satz des Pythagoras gilt. Also kann ich daraus errechnen, wie groß die Diagonale in einem Würfel ist.*

Induktives Argumentieren:

*Man beobachtet immer wieder, dass Gegenstände nach unten fallen. Daraus ziehe ich den Schluss, dass alle Gegenstände dies tun.*

## 7) Direkte und indirekte Argumentation

Bei der direkten Form erläutern Sie zunächst Ihre These und bewerten sie anschließend. Sie sagen also ganz direkt Ihre Meinung.
Bei der indirekten Argumentation schildern Sie im Anschluss an die Vorstellung Ihrer These zunächst deren Konsequenzen. Damit öffnen Sie dem Zuhörer die Augen und er kann für sich die These selber bewerten.

***Beispiel:*** These: *„Kfz- und Benzinsteuer müssen abgeschafft werden."*

Direkte Argumentation:

*Mobilität ist ein Grundrecht und dient der Selbstverwirklichung des Menschen. Das Autofahren darf somit nicht behindert werden. Man darf ja auch steuerfrei atmen.*

Indirekte Argumentation:

*Benzinpreise von 0,30 Euro pro Liter Benzin sind phantastisch. Man kann überall hin fahren. Entfernungen sind keine Frage des Geldes mehr. Fahren können alle, nicht mehr nur die Reichen.*

## 8) Fragende Argumentation

Sie versuchen bei dieser Form die Fragen, die in den Köpfen der Zuhörer entstehen, vorweg zu nehmen. Sie stellen sie also selber, gehen auf sie ein und finden eine Antwort darauf. Je besser es Ihnen gelingt, die Fragen der Zuhörer vorweg zu nehmen, um so leichter werden sie Ihren Argumenten folgen und Ihnen zustimmen. Folgende Redewendungen sind geläufig:

*Sie werden jetzt vielleicht fragen, wer das alles bezahlen soll.*

*„Semi-linear", das ist sicher ein von nicht allen meinen Zuhörern verstandenes Fremdwort, das ich eben erklären möchte: …*

*Hätte man das nicht auch anders machen können? …*

*Was hat Frau Müller denn nun mit ihrer Stellungnahme gemeint? …*

**9) Emotionen, Werte, Denkrichtungen**

Wenn Sie argumentieren, beziehen Sie oft unbewusst eine emotionale Seite, bestimmte Werte und Denkhaltungen mit ein. Diese sollten Sie bewusst auswählen und entsprechend eindeutig auftreten.

Sie haben viele Möglichkeiten, von denen aus Sie argumentieren können:

| **Art** | **Argumentationsmittel** |
|---|---|
| Aggressiv: | beanstanden, bestreiten, zurückweisen. |
| Anschaulich: | Bilder, Beispiele, Gleichnisse, Vergleiche, Schlagworte. |
| Ästhetisch: | Wortspiele, Metaphern, Wortneubildungen. |
| Eindringlich: | Bekräftigungen, Refrains, Ausrufe, Beschwörungen. |
| Emotional: | Beteuerungen, Begeisterung, Drohungen, Beschwörungen, Forderungen, Mahnungen. |
| Ethisch: | Visionen, Überzeugungen, Bilder, Appelle. |
| Integrierend: | Zugeständnisse, Einwandvorwegnahme, Bescheidenheit. |
| Ironisch: | Verzerrungen, Scheinfragen, Umwertungen, Entstellungen. |
| Moralisch: | Normen, Maßstäbe, Ideale, Beanstandungen. |
| Rational: | Sachargumente, Beweise, Quellennachweise, Vergleiche. |
| Spannend: | Steigerungen, Pointen, Überraschungen. |

## Übung zu 13.8.2:

Üben Sie spielerisch, suchen Sie sich eine Argumentationsart aus und bauen Sie jeweils nur von dieser Haltung her Ihre Argumentation zu den folgenden Thesen auf:

*1) Wir verbrauchen zu viel Wasser.*

*2) Die Deutschen werden immer fetter.*

*3) Die Wahlmüdigkeit der Bundesbürger ist eine Gefahr für die Demokratie.*

# INTERAKTION

## *Gruppenarbeit – Schreibgespräch*

*Hinweise zum Einsatz:*
*Im projektorientierten Unterricht der Oberstufe kann ein Schreibgespräch als Methode zur Positionsbestimmung der Gruppe eingesetzt werden.*

Baustein 14.5

## Information

Mit dieser Methode kann eine Gruppe in ganz kurzer Zeit einen Zugang zu einem vorgegebenen Thema finden. Jeder einzelne Teilnehmer kann sich frei vom Gruppendruck äußern und dennoch mit den anderen Gruppenmitgliedern kommunizieren. Das Schreibgespräch reizt zu originellen Kommentaren und lässt neben dem geschriebenen Wort auch bildhafte Rückmeldungen wie Cartoons, Pfeildiagramme usw. zu. Es ist wichtig zu betonen, dass bei dem Schreibgespräch nicht gesprochen werden darf. Die Dokumentation der Äußerungen ist einfach, wenn man z. B. auf Tapetenbahnen schreibt.

## Anleitung:

### Vorbereitung

Man benötigt dazu Tapetenbahnen, die rings um eine große Tischgruppe ausgelegt werden sowie dicke Schreibstifte.

**Zeitbedarf: ca. 45 Min.** Zu Beginn wird in der Mitte eines großen Tisches das Thema schriftlich für alle sichtbar gemacht. Dann verteilt sich die Gruppe gleichmäßig um den Tisch.

### Ablauf

Nun schreibt jede(r) einen Aspekt, der ihr/ihm wichtig erscheint, auf das vor ihm liegende Papier (wichtig: groß und deutlich schreiben!).

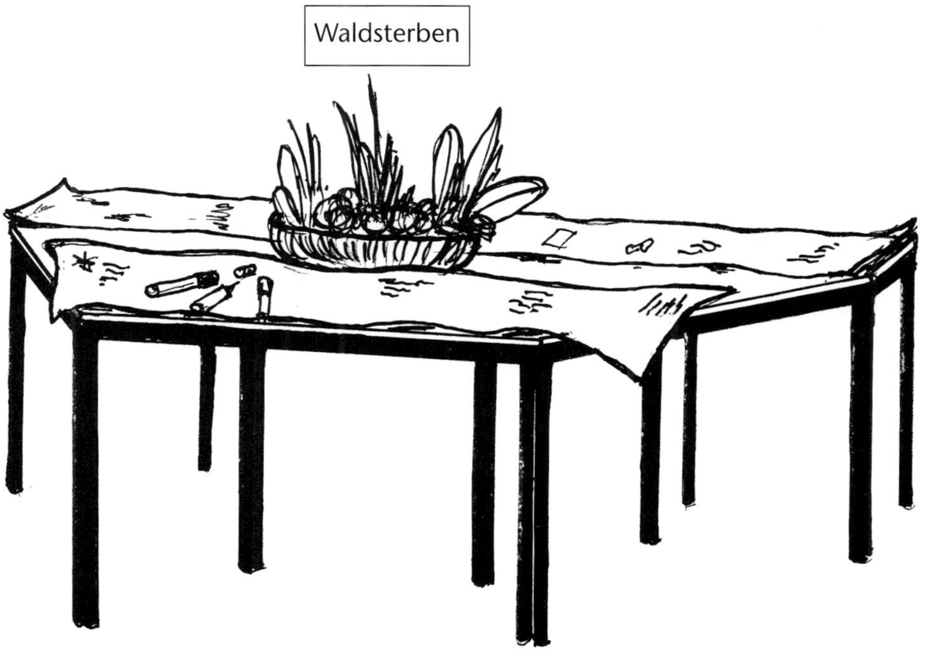

Danach bewegt sich jede(r) im Uhrzeigersinn auf ein Zeichen des Kursleiters zum nächsten Platz und liest, was dort steht. Schon fällt einem dazu ein Kommentar ein oder man kommt auf einen neuen Gedanken. Wichtig: Es wird der gelesene Text nicht bewertet, man bringt nur weitere Argumente oder Gegenargumente, Anmerkungen, Zeichnungen, Illustrationen an. Diese notiert man daneben, darüber, darunter, wie es eben am besten passt. Auf ein Zeichen des Kursleiters geht man im Uhrzeigersinn wieder weiter zum nächsten Platz. Wenn einem kein neuer Gedanke, kein Kommentar eingefallen ist, macht das nichts – man muss ja nichts dazu schreiben.
So geht es weiter im Kreis herum. Bei diesem Schreibgespräch darf nicht mit den anderen Gruppenmitgliedern gesprochen werden, denn dies stört nur die eigene Konzentration. Wenn sich die Gruppe nun zwei Mal – maximal drei Mal – um den Tisch bewegt hat, wird der Kursleiter ein Ende setzen.

**Zusammenfassung**

Gemeinsam mit allen Teilnehmern und Teilnehmerinnen werden die Tapetenbahnen an einer Wand aufgehängt und gemeinsam betrachtet. In einer anschließenden Gesprächsrunde werden sich die für die Gruppe wichtigen Aspekte des Themas herausstellen. Diese werden abschließend in Oberbegriffe gefasst.

## Übung zu 14.5:

Führen Sie in einer Kleingruppenarbeit ein Schreibgespräch zu folgenden Themen:

*1) Die Nordsee stirbt.*

*2) Die Reichen werden immer reicher.*

# INTERAKTION

## *Gruppenarbeit – Arbeitsweise in der Gruppe*

*Hinweise zum Einsatz:*
*In den Jg. 9/10 werden Referatsthemen auch an Gruppen ausgegeben, was eine Zusammenarbeit über Wochen notwendig macht. Im Rahmen eines Projekts kann effektive Gruppenarbeit geübt werden.*

Baustein 14.6.1

## Information:

Ein wirklich gutes Team ist man nicht von Anfang an – vielmehr wird eine Kleingruppe erst mit der Zeit zu einem guten Team. Es geht hier also nicht um eine Kleingruppenarbeit, die sich kurzfristig und einmalig für eine halbe Stunde zusammenfindet – hier ist eine Gruppe gemeint, die sich über einen längeren Zeitraum trifft, um an einem größeren Vorhaben zu arbeiten (etwa für ein Referat, für eine Forschungsarbeit, an der Planung einer SV-Veranstaltung usw.). Wie entwickelt man sich nun aber von einer Kleingruppe zu einem guten Team?

## Anleitung:

1) Die Aufgabe sollte für alle Teilnehmer klar und verständlich gestellt sein – am Anfang ist es hilfreich, wenn sie jedem schriftlich vorliegt. Wenn dies nicht gegeben ist, dann tauscht euch gleich am Anfang aus. In dieser Phase sollte jeder seine Ideen, Vorstellungen und Erwartungen einbringen. Wenn jeder sagt, wie er sich die Arbeit und das Ziel vorstellt, kommt ihr wirklich zu einem gemeinsamen Ziel und zu einer erfolgreichen Arbeitsweise. Bei Unklarheiten müsst ihr natürlich nachfragen, sonst besteht die Gefahr, dass ihr an der eigentlichen Aufgabe vorbei arbeitet.

2) Ihr braucht natürlich auch einen geeigneten Platz. Jeder sollte alle anderen Gruppenmitglieder anschauen können, andererseits benötigt jeder/jede auch genügend Platz zum Schreiben und für seine Materialien.

3) Versucht dann den Ablauf der geplanten Arbeit gemeinsam festzulegen. Welche Schritte sind notwendig? Welche Informationsquellen sollen angezapft werden? Wie wollt ihr methodisch vorgehen? Welche Form soll am Ende die Präsentation haben?

4) Klärt gemeinsam, wer welche Aufgaben übernimmt: Wer leitet die Treffen? Wer achtet darauf, dass die verabredeten Arbeitsschritte eingehalten werden? Wer schreibt auf, was besprochen wurde? Wer wird später die Präsentation übernehmen? Wer leitet die Diskussionen? Wer achtet auf die Zeit? Wer achtet bei Streitereien darauf, dass die Kontrahenten sich in Ruhe äußern können, um den Konflikt beizulegen?

5) In erfahrenen Gruppen werden solche Rollen automatisch übernommen, ohne dass man noch ausführlich darüber spricht. Am Anfang solltet ihr aber unbedingt darüber sprechen und zu einer Vereinbarung kommen. Das erleichtert eure Arbeit erheblich.

6) Gute Gruppen halten manchmal in der Arbeit inne und überdenken gemeinsam, was und wie sie bisher gearbeitet haben. Das gibt frühzeitig die Möglichkeit zur Korrektur und zur erneuten Ausrichtung der nächsten Schritte.

7) Eine gute Gruppe nimmt sich auch Zeit für private Gespräche, für etwas Gemütlichkeit. Andererseits weiß eine gute Gruppe, wann man wieder zur Arbeitsphase zurückkehren muss. Nur stur und verbissen am Thema zu arbeiten ist genauso schädlich wie der Wunsch, nur miteinander Spaß haben zu wollen – in der Hoffnung, andere mögen die Arbeit schon erledigen.

## Übung zu 14.6.1:

Angenommen eure Projektarbeit soll in eine Hörfunkproduktion münden. Das Thema sei:

„Wie funktioniert ein Fahrraddynamo?“

Überlege dir, wie du in deiner Kleingruppe die Arbeitsweise absprechen würdest.

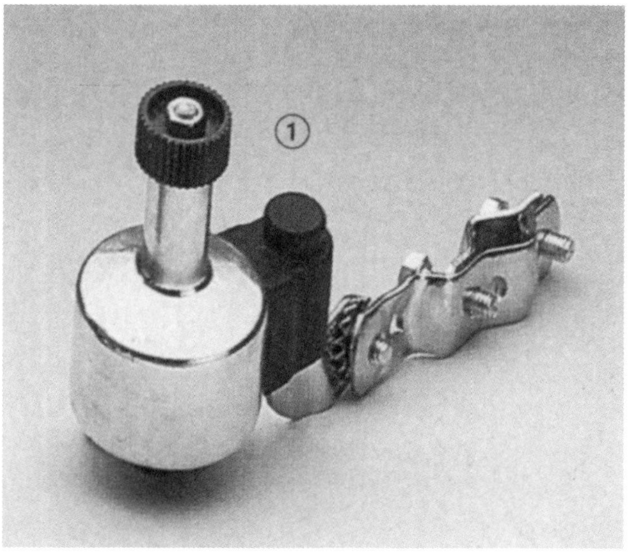

# INTERAKTION

## *Gruppenarbeit – Organisationsplan*

*Hinweise zum Einsatz:*
*In den Jg. 9/10 werden Aufgaben auch an Gruppen ausgegeben, was eine Zusammenarbeit über Wochen notwendig macht. Im Rahmen eines Projekts oder der SV-Arbeit kann effektive Gruppenarbeit geübt werden.*

Baustein 14.6.2

## Information:

Arbeitet ihr in einer Gruppe für eine Projektprüfung, ist eine Schuldisco geplant, eine Klassenfete oder ein Sportfest für die Unterstufe, dann gibt es eine Menge zu organisieren. In der Regel kann keiner alle Vorbereitungen alleine machen. Man arbeitet also besser in einem Team und teilt sich die Arbeit auf.
Wichtig dabei ist, dass man sich bei der Vorbereitung nicht unnötige Arbeit macht – andererseits möchte man aber auch sicher sein, dass man an alles gedacht hat. Dazu dient ein Organisationsplan.

## Anleitung:

Das folgende Raster zur Aufstellung eines Organisationsplanes hat sich dafür als sehr praktikabel herausgestellt.

Organisationsplan für: *Schuldisco*

| Priorität | Was | Wer | Bis wann | Info an | Reihenfolge – erledigt? |
|---|---|---|---|---|---|
| *1* | *Grundsätzliche Zustimmung bei Schulleitung einholen* | *Schulsprecher* | *3.5.* | *Vorbereitungsteam* | *1* ✔ |
| *1* | *Raum, Zeit, Aufsicht mit stellv. Schulleiter klären* | *Peter und Anita* | ... | ... | *2* |
| | | | | | |

**1. Spalte:** Notiere hier die Dringlichkeit:
*1*: ganz wichtig; *2*: wichtig; *3*: muss nicht unbedingt sein.

**2. Spalte:** Hier trägst du alle Vorbereitungsschritte ein – zunächst ohne jede Reihenfolge, sortiert wird erst später.

**3. Spalte:** Es ist ganz wichtig, für jede Teilaufgabe eine/einen Verantwortliche(n) zu benennen, die/der sich darum kümmert. Eine unverbindliche Aussage wie: „Wir sollten unbedingt noch ein paar Leute vom Roten Kreuz dahaben" organisiert nicht die Erste Hilfe für den Discoabend. Das muss eine Person konkret und verantwortlich in die Hand nehmen.

**4. Spalte:** Bei der Planung ist gleich festzulegen, bis wann etwas erledigt sein soll – auch wenn es nur eine Zielvorgabe ist. Andere Arbeitsschritte bauen darauf auf und sind von der Erledigung des einen Punktes abhängig.

**5. Spalte:** Oft reicht es nicht aus eine Tätigkeit nur zu erledigen: Andere Personen brauchen die Rückmeldung, dass es erledigt ist, oder es müssen Informationen, die man einholen konnte, an andere auch weitergegeben werden.

**6. Spalte:** Hast du alle Schritte zur Vorbereitung aufgeschrieben – oder auch nur fast alle – dann bringe diese in eine zeitliche Reihenfolge. Was sollte zuerst gemacht werden, was danach? Nummeriere die einzelnen Posten in dieser Spalte mit fortlaufenden Zahlen durch. Hast du den Organisationsplan im PC, dann lässt sich die Tabelle leicht umsortieren. Der Organisationsplan wird dann von oben nach unten abgearbeitet: Was erledigt ist, wird abgehakt.

**Überprüfe dann noch einmal den Ablauf der Vorbereitungsschritte.**
**Wurde auch kein Schritt vergessen?**
**Ergänzungen können in den PC-Plan leicht eingefügt werden.**

## Übung zu 14.6.2:

Angenommen du arbeitest in eurer Schüler-Verwaltung (SV) mit und ihr beabsichtigt euch mit einem Stand am Tag der offenen Tür zu beteiligen. Bereite für eure nächste Sitzung einen Organisationsplan vor und überlege dir bereits notwendige Arbeitsschritte:

Organisationsplan für: *Tag der offenen Tür*

| Priorität | Was | Wer | Bis wann | Info an | Reihenfolge – erledigt? |
|---|---|---|---|---|---|
| | | | | | |
| | | | | | |
| | | | | | |

# INTERAKTION

## *Gruppenarbeit – Themenzentrierte Interaktion*

*Hinweise zum Einsatz:*
*In der Oberstufe kann Gruppenarbeit mit Hilfe der TZI intensiviert werden. Im Rahmen des Gemeinschaftskunde- oder Religionsunterrichts lässt Sie sich thematisch einbinden (Querverweis zu Baustein 9.1).*

**Baustein 14.7**

## Information:

Die Themenzentrierte Interaktion (TZI) geht auf Ruth Cohn zurück und fand in den 70er Jahren ihre Verbreitung in Europa. In der TZI geht man davon aus, dass jedes Arbeiten in einer Gruppe neben dem Sachaspekt auch einen Gruppenaspekt enthält. Das Thema (Es), die Gruppe (Wir) und die Einzelperson (Ich) stehen also ständig in einem Spannungsverhältnis. Dies drückt man in der TZI durch ein Dreieck aus, das in einem Kreis (die Rahmenbedingungen, das Umfeld) eingebettet ist. Während eines Gruppenprozesses ist es Ziel zu einer Balance in diesem Dreieck zu kommen, denn nur dann ist auf Dauer eine gute und produktive Arbeit möglich. Umgekehrt hat eine Unstimmigkeit zwischen zwei Ecken des Dreiecks eine Störung der Gruppenarbeit zur Folge. Dies kann, wenn es nicht besprochen wird, das Scheitern des ganzen Vorhabens zur Folge haben.

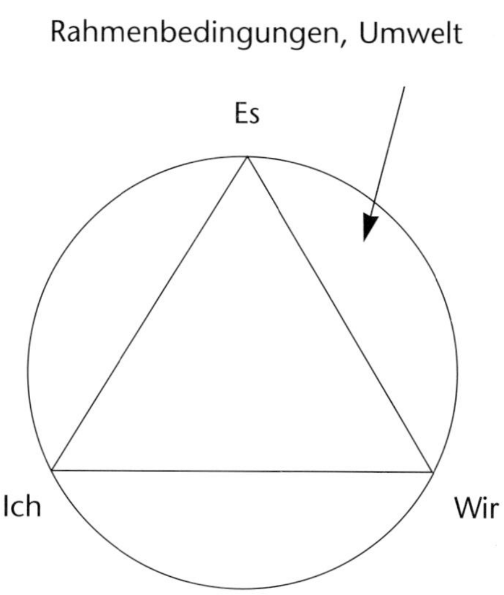


## Anleitung:

Für das Wahrnehmen einer kooperativen Balance im TZI-Dreieck sollte man sich an die folgenden Regeln halten:

**1) Seien Sie Ihr eigener Chairman!**
Das soll bedeuten, dass Sie selbst für die Gruppe und den Ablauf Verantwortung übernehmen sollen und Sie nur das tun sollen, was Sie wirklich selbst wollen. Bestimmen Sie die Situation verantwortungsvoll mit!

**2) Gebrauchen Sie statt dem Verb „können" das Verb „wollen"; statt dem „man" reden Sie von sich selbst!**
Dahinter steht die Überzeugung, dass jeder kann, wenn er/sie auch will. Das macht Ihre Aussagen nicht so vage und wenn Sie von sich reden, kommen keine leeren „Allgemeinplätze" heraus.

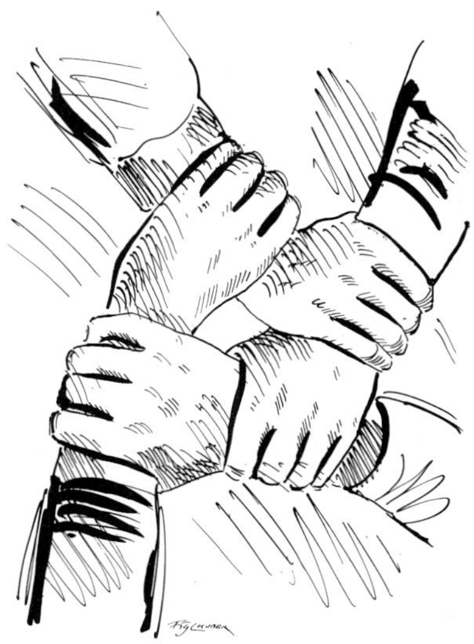

**3) Störungen haben Vorrang!**

Es ist nicht nur erlaubt, sondern sogar erwünscht, wenn man mitteilt, dass man sich gestört fühlt. „Ich langweile mich schrecklich", „Ich habe Kopfschmerzen und kann euch gedanklich gar nicht folgen", „Ich muss immer noch daran denken, was Gabi vor 10 Minuten gesagt hat". Zwar kostet das Bearbeiten solcher Störungen zunächst Zeit, am Ende hilft es aber, damit das Thema dann wieder effektiver und gründlicher behandelt werden kann. Der Langsamere bestimmt beim TZI das Tempo, das Ausbooten derer, die nicht mitgekommen sind, hört auf und die Störung durch Einzelne gilt als ein zwar ärgerlicher, aber notwendiger Bestandteil der gemeinsamen Sache.

Sprechen Sie in Ihrer Gruppe zunächst über die Grundlagen von TZI und Sie werden begreifen, dass TZI eigentlich keine Methode, sondern viel eher eine Haltung gegenüber den anderen ist. Achten Sie zunächst darauf, dass Sie die drei oben genannten Regeln einhalten, und besprechen Sie gemeinsam, wie Sie damit zurecht gekommen sind.
Wenn Sie dann einige Erfahrungen mit TZI gesammelt haben, berücksichtigen Sie die folgenden **Hilfsregeln**:

1) Wenn Sie sich um andere kümmern und ihnen helfen wollen, überlegen Sie, ob es wirklich nur um den anderen geht oder nicht im Grunde um Sie, um Ihre Bedürfnisse. Wenn dem so ist, dann tun Sie etwas für sich!
2) Versuchen Sie, statt zu fragen, Aussagen über sich selbst zu machen. Wenn Sie Informationen brauchen, sagen Sie warum und wozu.
3) Versuchen Sie in Übereinstimmung mit Ihren eigenen Bedürfnissen zu handeln und zu reden, aber wählen Sie aus zwischen dem, was Sie für sich behalten, und dem, was Sie mitteilen möchten.
4) Sprechen Sie statt von anderen von sich selbst und beginnen Sie Ihre Sätze folglich mit „Ich" statt mit „Du". Halten Sie sich mit Bewertungen von anderen zurück. Sprechen Sie stattdessen Ihre persönliche Reaktion aus.
5) Teilen Sie statt vorschneller Verallgemeinerungen zuerst Ihre eigenen Erfahrungen oder Bedürfnisse mit.
6) Achten Sie darauf, wie sich das Thema hier und jetzt in dieser Gruppe und ihren Interaktionen darstellt und was Sie dabei erleben.
7) Gefühle sind ebenso wichtig wie Gedanken, Verhalten sagt ebenso viel aus wie Worte.
8) Achten Sie auf Signale Ihres Körpers!
9) Versuchen Sie das Wörtchen „aber" durch das Wörtchen „und" zu ersetzen und machen Sie Ihre Erfahrungen damit.

**Und zum Schluss noch eine letzte Regel:**

10) Wenn Sie wollen (nicht: wenn Sie gerade die Laune dazu haben), durchbrechen Sie alle diese Regeln!

## Übung zu 14.7:

Zeichnen Sie sich auf ein großes Blatt Papier das TZI-Dreieck. Außen herum notieren Sie sich gut leserlich all die wichtigen Regeln. Damit haben Sie ein gutes Plakat, das Sie zu Ihren Gruppensitzungen mitnehmen können. Es wird Sie immer wieder an Ihre TZI-Zusammenarbeit erinnern.

# INTERAKTION

## *Gruppenarbeit – Feedback-Methode*

*Hinweise zum Einsatz:*
*In Jg. 9/10 ist Gruppenarbeit üblich und wird in vielen Fächern eingesetzt. Als Einstieg zur Reflexion über die Arbeit und das augenblickliche Befinden eignet sich die Feedback-Methode.*

Baustein 14.8

## Information:

Während einer Gruppenarbeit ist es sinnvoll gelegentlich inne zu halten und den Ablauf zu bedenken. Um schnell einen Überblick über die Einschätzung eines jeden Teilnehmers zu bekommen, bedient man sich der Feedback-Methode. Jede(r) in der Runde sagt ohne große Umschweife, wie er den bisherigen Verlauf sieht und wie sie/er sich damit fühlt. Diese Methode eignet sich ebenso, wenn eine Person über ihr Verhalten eine Rückmeldung bekommen möchte. Weitere Methoden zur Reflexion findest du im Baustein 14.9.

## Anleitung:

Für ein Feedback gelten folgende einfache Regeln:

**1) Wenn du ein Feedback gibst,**

- dann mache **nur Aussagen über dich**, wie etwas auf dich wirkt, welchen Eindruck du hast, wie (un)zufrieden du über den Verlauf bist, was dir gefällt oder missfällt.
- dann **urteile und bewerte nicht**, schon gar nicht über eine andere Person.
- dann **fasse dich recht kurz** und führe keine langen Monologe.
- dann wird **kein** anderes **Feedback kommentiert**.
- dann sagt reihum jede(r) etwas dazu, und so bleibt der Beitrag stehen.

**2) Wenn du ein Feedback bekommst,**

- dann sei dir sicher, dass alle Äußerungen die ganz persönlichen **Eindrücke der anderen** sind und **keine Urteile** über dich.
- dann sei dir bewusst, dass jeder einzelne Beitrag auf dich **zutreffen kann – oder auch nicht**. Du musst nicht alles annehmen.
- dann kannst du am Ende der Runde zu dem einen oder anderen Beitrag eine **Nachfrage** stellen: *Wie hast du das gemeint? Du sprachst von …, kannst du das bitte erläutern?* oder andere Fragen in ähnlicher Weise.

Durch eine Feedback-Runde gewinnt die Gruppe schnell einen Überblick über die augenblickliche Situation.

Eine Abwandlung dieser Methode ist das sogenannte „**Blitzlicht**“, das meist zu Beginn einer Gruppensitzung durchgeführt wird. Wie in einer Momentaufnahme sagt jeder Teilnehmer, wie es ihm geht, welche Erwartungen oder Wünsche er an die bevorstehende Gruppenarbeit hat. Auch diese Beiträge bleiben ohne jeden Kommentar im Raum stehen.

## Übung zu 14.8:

1) Versuche zunehmend mehr andere wahrzunehmen mit ihren Gesten, Haltungen und Gebärden.
   Werde dir klar darüber, was dies in dir auslöst, welche Empfindungen, welche Haltungen und Reaktionen dies in dir auslöst.
   Versuche dir ebenso mehr und mehr bewusst zu werden, wie du dich fühlst, wie es dir geht, woran du dich störst und was dir gefällt. Dies ist eine gute Wahrnehmungsübung, auch wenn gerade keine Feedback-Runde angesetzt ist.

2) Ein ganz schnelles und doch aussagekräftiges Feedback kannst du allein durch das Aufzeigen von einem der drei unten abgebildeten Symbole erreichen. Starte einmal in der nächsten Gruppenrunde die Arbeit mit einem solchen Feedback. Auf die Frage „Wie geht es dir jetzt gerade?“ zeigt jeder wortlos eines der drei Smileys. Du siehst damit sofort, mit welcher Motivation und Energie heute gearbeitet werden kann.

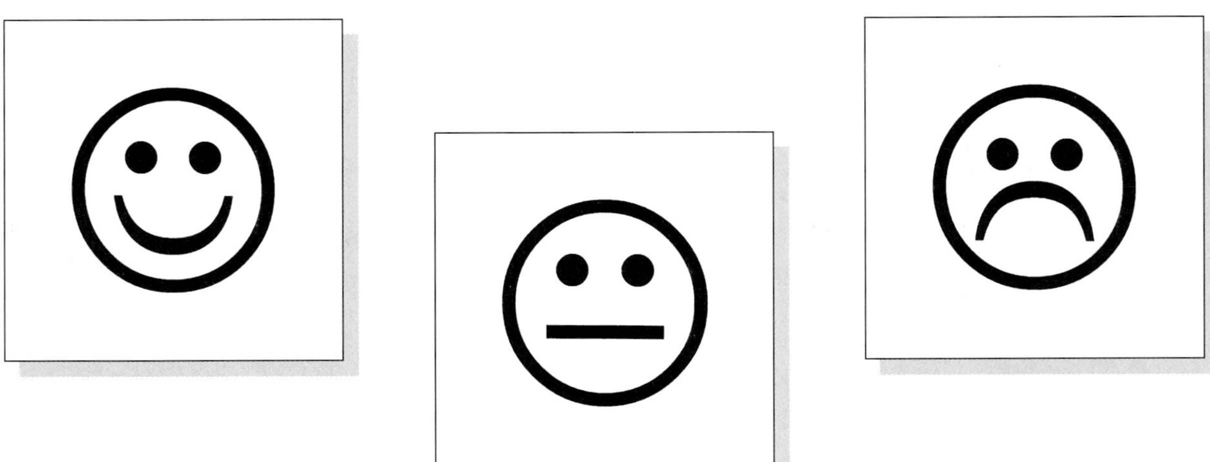

# INTERAKTION

## *Gruppenarbeit – Reflexionsmethoden*

*Hinweise zum Einsatz:*
*In Jg. 9/10 ist Gruppenarbeit üblich und wird in vielen Fächern eingesetzt. Reflexion über die Arbeit bringt die Gruppe weiter und sollte entsprechend angeleitet werden.*

Baustein 14.9

## Information:

Während und am Ende einer Gruppenarbeit ist es sinnvoll inne zu halten und den Ablauf der gemeinsamen Arbeit zu bedenken.
Damit du und die ganze Gruppe wissen, was jedes Gruppenmitglied denkt, gibt es verschiedene Methoden, die sich auch leicht abwandeln und auf die spezielle Gruppe ausrichten lassen. In diesem Baustein sind einige aufgeführt, die sich besonders für die schulische Arbeit eignen.

## Anleitung:

**1) Methode: Punktblitzlicht**
Die Gruppenleiterin/der Gruppenleiter macht nacheinander verschiedene Aussagen über die Gruppenarbeit. Jeder Teilnehmer streckt daraufhin drei, zwei, einen oder keinen Finger nach oben und zeigt damit an, wie weit er der Aussage zustimmen kann. Drei Finger bedeuten volle Zustimmung, kein Finger bedeutet überhaupt keine Zustimmung.

**2) Methode: Abstimmung mit den Füßen**
Die Gruppe bildet einen Kreis, und einer nach dem anderen geht in die Mitte und macht eine Aussage über die Gruppenarbeit. Jeder einzelne Teilnehmer/jede Teilnehmerin reagiert nun auf die Aussage, indem er/sie bei Zustimmung auf die Person in der Mitte zugeht oder bei Ablehnung sich nach außen entfernt. Dies tun alle etwa gleichzeitig.
Die Entfernung vom Kreis nach innen oder außen gibt den Grad der Zustimmung oder Ablehnung wieder. Dann geht die Gruppe wieder in den Kreis zurück und es folgt eine weitere Aussage eines anderen Teilnehmers über die Gruppe.

**3) Methode: Mülleimer und Schatztruhe**
Mülleimer und Schatztruhe werden präsentiert: In den Mülleimer kommt alles Unangenehme, Ärgerliche, was so passiert ist. In die Schatztruhe kommen alle schönen Eindrücke und Erinnerungen.
Die Teilnehmer haben nun etwas Zeit jeweils getrennt ihre Gedanken auf einen Zettel zu schreiben und dann entsprechend im Mülleimer oder in der Schatztruhe abzulegen. In einer gemeinsamen Runde wird dann der Inhalt von beiden Gefäßen durchgesehen.

**4) Methode: Wetterlandkarte**

Zunächst wird auf einem großen Bogen Papier ein Weg durch eine Landschaft eingezeichnet, der den Verlauf der Gruppenaktivitäten symbolisieren soll. Verschiedene Hinweise zieren den Weg und machen auf besondere Situationen der Gruppenarbeit aufmerksam. Die Gruppenmitglieder bringen nun Wettersymbole an, die ausdrücken sollen, wie sie zu den einzelnen Phasen der Gruppenarbeit stehen. Das gemeinsame Werk wird dann besprochen und abschließend werden Folgerungen abgeleitet.

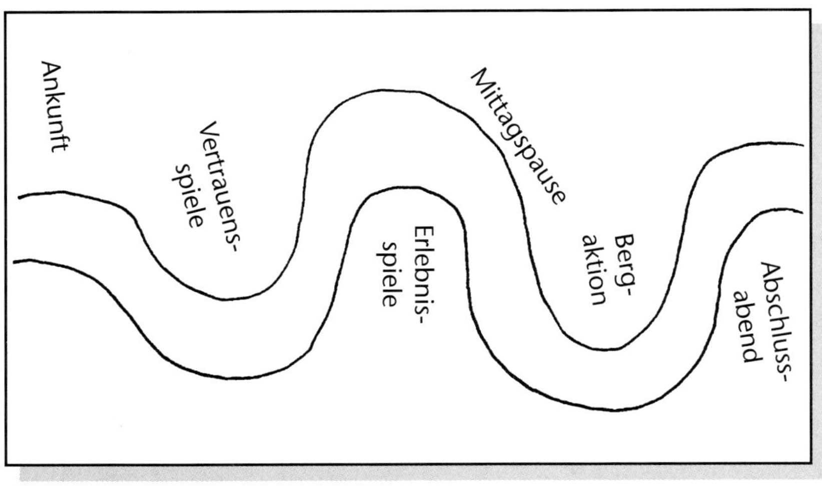

**5) Methode: Spinnenanalyse**

Auf einem Blatt sind verschiedene Aspekte der Gruppenarbeit wie die Leitfäden eines Spinnennetzes vorgegeben. Jede(r) ist nun aufgefordert jeden Aspekt durch einen Klebepunkt einzuschätzen. Je weiter der Klebepunkt nach außen geklebt wird, um so mehr ist man mit diesem Aspekt zufrieden. Punkte, die innen angebracht werden, deuten auf Unzufriedenheit hin.

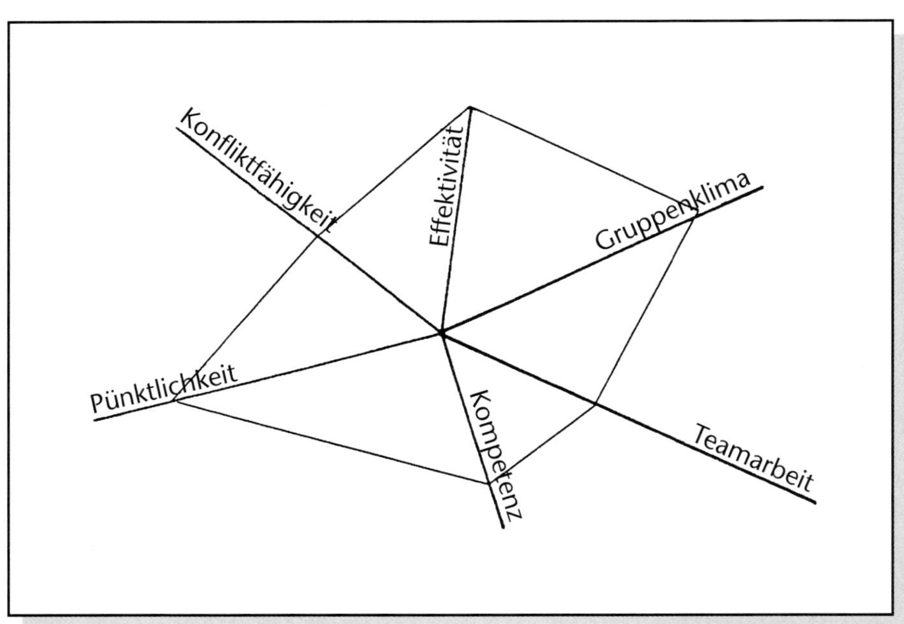


Aus den einzelnen Wertungen bildet man die Mittelwerte und verbindet diese. Das Vieleck zeigt dann in seiner Form die Stärken und Schwächen der Gruppenarbeit auf.

**6) Methode: Zwischen den Extremen**

Jedes Gruppenmitglied erhält das Arbeitsblatt „Zwischen den Extremen" und füllt es nach seiner Einschätzung aus. Anschließend werden die Bewertungen auf ein großes Exemplar (z. B. auf Overheadprojektor/Tafel) übertragen und die Durchschnittswerte markiert. In einer gemeinsamen Runde können die Ergebnisse dann diskutiert werden.

### Arbeitsblatt „Zwischen den Extremen“

| | +3 | +2 | +1 | 0 | –1 | –2 | –3 | |
|---|---|---|---|---|---|---|---|---|
| In unserer Gruppe kann man sich auf jeden verlassen. | | | | | | | | Jeder ist Einzelkämpfer und ich habe kaum Vertrauen zu anderen. |
| Wir arbeiten klasse zusammen. | | | | | | | | Jeder wurstelt vor sich hin. |
| Entscheidungen werden immer vorher abgesprochen. | | | | | | | | Jeder macht, was er will – irgendwie geht's ja vielleicht. |
| Wir achten darauf, dass keiner gemobbt wird. | | | | | | | | Über einige kann man sich gut lustig machen. |
| Ich versuche in der Gruppe mein Bestes zu geben. | | | | | | | | Ich schaue erst, ob sich ein Einsatz auch lohnt. |
| In der Gruppe machen alle mit vollem Einsatz mit. | | | | | | | | Jeder drückt sich, wo er nur kann. |
| ... | | | | | | | | ... |

**7) Methode: Mehr oder weniger**

Zu Beginn bekommt jeder Teilnehmer den Auswertungsbogen „Mehr oder weniger“ und füllt diesen für sich aus. Mit Klebepunkten überträgt dann jede(r) seine Wertung auf ein vergrößertes Blatt. Anschließend kann die Gruppe überlegen, ob sie mit dem Resultat zufrieden ist, wie sie vielleicht etwas ändern will und ihre Arbeit fortsetzen möchte.

### Auswertungsbogen „Mehr oder weniger“

Heute habe ich:

| +3 | +2 | +1 | | –1 | –2 | –3 |
|---|---|---|---|---|---|---|
| | | | mich engagiert | | | |
| | | | etwas riskiert | | | |
| | | | auf andere Rücksicht genommen | | | |
| | | | meine Grenzen erfahren | | | |
| | | | Angst gespürt | | | |
| | | | Mitschüler unterstützt | | | |
| | | | Verantwortung übernommen | | | |
| | | | gesagt, was ich denke | | | |
| | | | einen Konflikt nicht zugedeckt | | | |
| | | | ... | | | |

## Übung zu 14.9:

Setz diese Reflexionsmethoden während der Gruppenarbeit ein. Schreibe die Anleitungsblätter so um, dass sie auf die Situation in deiner Gruppe bezogen sind.

# INTERAKTION

## *Gruppenarbeit – Moderationsmethode*

Baustein 14.10

*Hinweise zum Einsatz:*
*In der Oberstufe, in der fächerübergreifende Projekte angeboten werden, wird viel eigenständiges Arbeiten in der Gruppe erwartet. Vorbereitend sollte diese Methode eingeführt sein.*

## Information:

Moderatoren kennt man aus Funk und Fernsehen. Gegebenenfalls greifen sie „mäßigend ein" (lat. moderari: mäßigen, lenken). Moderation einer Arbeitsgruppe bedeutet also, diese im rechten Maß zu „führen".
Diese in den 60er und 70er Jahren entwickelte Methode hat das Ziel, Gruppenmitglieder zu befähigen, ihr eigenes Wissen und Können einzubringen und verantwortungsvoll Entscheidungen zu tragen. Es ist also eine Methode, mit der Arbeitsgruppen unterstützt werden können, um ein Thema, ein Problem, eine Aufgabe wirkungsvoll und zielgerichtet sowie eigenverantwortlich zu bearbeiten.

## Anleitung:

Zwischen „eine Gruppe leiten" und „eine Gruppe moderieren" bestehen große Unterschiede. Durch die Gegenüberstellung werden Sie schnell merken, auf was es ankommt.

| Arbeitsgruppen leiten | Arbeitsgruppen moderieren |
|---|---|
| Als Leiter/Leiterin einer Besprechung bin ich immer auch **inhaltlich beteiligt**, beispielsweise nehme ich Stellung oder bewerte ich die Aussagen anderer. Dadurch kann ich in meinem Sinne Aussagen verstärken und die Diskussion lenken. | Als Moderator einer Arbeitssitzung bin ich **inhaltlich immer unparteiisch** und trage dazu bei, dass alle Aussagen gleichrangig beachtet werden. Ich bewerte nicht. |
| Als Leiter/Leiterin werde ich bei der Vorbereitung und Durchführung der Besprechung weniger Konzentration auf die Auswahl bestimmter Methoden und Verfahrensweisen verwenden; **mein Hauptaugenmerk liegt auf dem Inhalt**, denn ich habe die Besprechung mit einer bestimmten Absicht einberufen. | Als Moderator liegt der Schwerpunkt meiner **Konzentration auf der Auswahl und Anwendung von Methoden und Verfahren**. Ein Teil der Konzentration liegt auf dem Inhalt, für den aber die Gruppe die entscheidende Verantwortung trägt. Die Notwendigkeit der Besprechung resultiert aus der Sache. |
| Als Leiter/Leiterin ist häufig **meine Durchsetzungsfähigkeit** gefragt. Ich vertrete Vorgaben und Ziele, objektive Rahmenbedingungen oder Sachzwänge. Ich lasse meine Prioritäten deutlich erkennen und möchte mein Ziel erreichen. | Als Moderator bin ich ausschließlich für den **Willensbildungsprozess der Gruppe** verantwortlich, unter Beachtung des Prinzips der Gleichwertigkeit aller Teilnehmer und Beiträge. Meine inhaltlichen Prioritäten gebe ich – selbst auf Nachfrage – nicht zu erkennen. |
| Als Leiter/Leiterin **gebe** ich gewöhnlich die **konkreten Arbeitsziele vor**. | Als Moderator **fördere** ich **die Gruppe** dabei, wie sie die **Ziele erarbeitet**. Werden Ziele vorgegeben, muss die Gruppe zunächst Einverständnis über die Ziele herstellen, bevor sie inhaltlich an die Arbeit geht. |

| Arbeitsgruppen leiten | Arbeitsgruppen moderieren |
|---|---|
| Als Leiter/Leiterin werde ich **Störungen**, beispielsweise Rivalitäten und persönliche Angriffe **vermeiden, ignorieren, tadeln** oder die Parteien **zur Sachlichkeit ermahnen**. | Als Moderator werde ich personenbezogen neutral der Gruppe meine Wahrnehmungen über Entwicklungen, die die Gruppenarbeit stören, mitteilen, also **spiegeln**. Ich frage die Gruppe, wie sie mit den geschilderten Entwicklungen umgehen will. Ich kann **methodische Hilfen** für die Weiterarbeit anbieten. |
| Als Leiter/Leiterin arbeite ich mit den **ungeschriebenen Regeln der Leitungskunst** (beispielsweise: „Kein Beitrag länger als 30 Sekunden!") | Als Moderator unterstütze ich die Teilnehmer dabei, **Regeln** für den Umgang miteinander **selbst zu formulieren**. Ich kann der Gruppe auch Vorschläge für solche machen. |
| Als Leiter/Leiterin **delegiere** ich in der Regel die **Protokollierung** der Sitzung oder erledige die Arbeit nebenbei. Ich mache mir Notizen, damit im Nachhinein ein Protokoll erstellt werden kann. | Als Moderator ist es für mich eine wichtige Aufgabe, Vereinbarungen, Arbeitsschritte und Ergebnisse **offen** (für alle sichtbar) und **simultan** (möglichst zeitgleich zum Arbeitsprozess), zu **visualisieren**. |
| Als Leiter/Leiterin bin ich meist auch der **hierarchisch Höhergestellte**; meine Aussagen besitzen von vornherein ein besonderes Gewicht. | Als Moderator besitze ich besondere **methodische Verantwortung** für den Arbeitsprozess. Dafür habe ich besondere Fähigkeiten. Ansonsten spielt die Position keiner Person eine Rolle. |

Ein Moderator hat also darauf zu achten, dass

- er eine fragende und keine bestimmende Haltung einnimmt.
- er das Geschehen in der Gruppe mit eigenen Worten zusammenfasst.
- die Gruppenarbeit strukturiert abläuft.
- er die Gruppe ermuntert, selbst Regeln aufzustellen, oder selbst solche anbietet.
- er je nach Situation sinnvolle Arbeitsverfahren anbietet.
- die Teilnehmer einen angemessenen Umgangston pflegen.
- Ziele vereinbart werden und die Gruppe diese nicht aus den Augen verliert.

Für einen Moderator ist es wichtig Methoden zur Visualisierung, zur Strukturierung, zur Symbolisierung und zur Meinungsbildung zu beherrschen. Die Bausteine 1.3/1.8/1.10/1.11/10.6/10.7/10.8 und 10.11.3 können dazu als Übung dienen.

# Übung zu 14.10:

Sie finden im Folgenden verschiedenste Aussagen über die Leitung bzw. die Moderation von Gruppen.

Suchen Sie diejenigen heraus, die auf eine Moderation zutreffen.

- ☐ Er/Sie nennt seine eigenen Ziele, Wertungen und Meinungen und macht seine Position klar. Er bewertet Meinungsäußerungen. Es gibt für ihn/sie ein „richtig" oder „falsch" in Bezug auf das Thema. Er/Sie setzt sein Fachwissen bei Sachfragen ein.
- ☐ Er/Sie nimmt alle Teilnehmer/Teilnehmerinnen gleich ernst, zeigt ihnen gegenüber die gleiche Wertschätzung, bevorzugt niemanden.
- ☐ Er/Sie achtet darauf, dass alle zu Wort kommen.
- ☐ Er/Sie besteht darauf, dass die Ruhigen und eher Schweigsamen auch ihre Meinung detailliert darlegen.
- ☐ Er/Sie hat ständig das Ziel der Sitzung oder einzelner Phasen im Auge und lenkt das Gespräch, damit das Ziel möglichst effektiv erreicht wird.
- ☐ Er/Sie fördert die Gruppe im Prozess, Regeln für einen guten Umgang miteinander zu vereinbaren.
- ☐ Er/Sie versucht der Gruppe klar zu machen, dass Konflikte nichts zur Sache beitragen. Diese sollten deswegen vorher geklärt werden.
- ☐ Er/Sie nimmt eine fragende Haltung ein. Er/Sie versucht die Gruppe für den Gedankenaustausch untereinander zu öffnen und zu aktivieren.
- ☐ Er/Sie hört zu und nimmt klar Stellung. Er/Sie versucht den Austausch und die Diskussion zwischen den Gruppenteilnehmern zu unterstützen. Er/Sie hat die Fäden in der Hand und lenkt geschickt auf ein effektives Ziel hin.
- ☐ Er/Sie wiederholt für die Teilnehmer das, was gerade an Äußerungen, Themen, Meinungen in der Gruppe existiert. So kann auch jemand, der nicht aufgepasst hat, wieder mitarbeiten.
- ☐ Er/Sie visualisiert, verbalisiert und protokolliert.
- ☐ Er/Sie bereitet sich effektiv auf die Arbeitssitzung vor.
- ☐ Er/Sie gibt für die gesamte Arbeitssitzung eine Struktur vor, nach der von der Einleitung bis zum Schluss gearbeitet werden kann.
- ☐ Er/Sie initiiert konkrete Arbeitsschritte und dazugehörige Arbeitsverfahren, mit denen Informationen gesammelt, gesichtet, beurteilt und weiter verarbeitet werden können.

# Anhang

**Lösungshinweise zu Baustein 5.8** (S. 30)

Text A: Versuche in dem Flussdiagramm die folgenden Begriffe zu verwenden: 20.000 °C Hitze; Deuterium/Tritium; magnetischer Käfig; Plasma; Sicherheitsprobleme; supraleitende Magnetspulen; Verschmelzung;

Text B: Versuche das folgende Flussdiagramm zu benutzen, das du evtl. noch erweitern kannst:

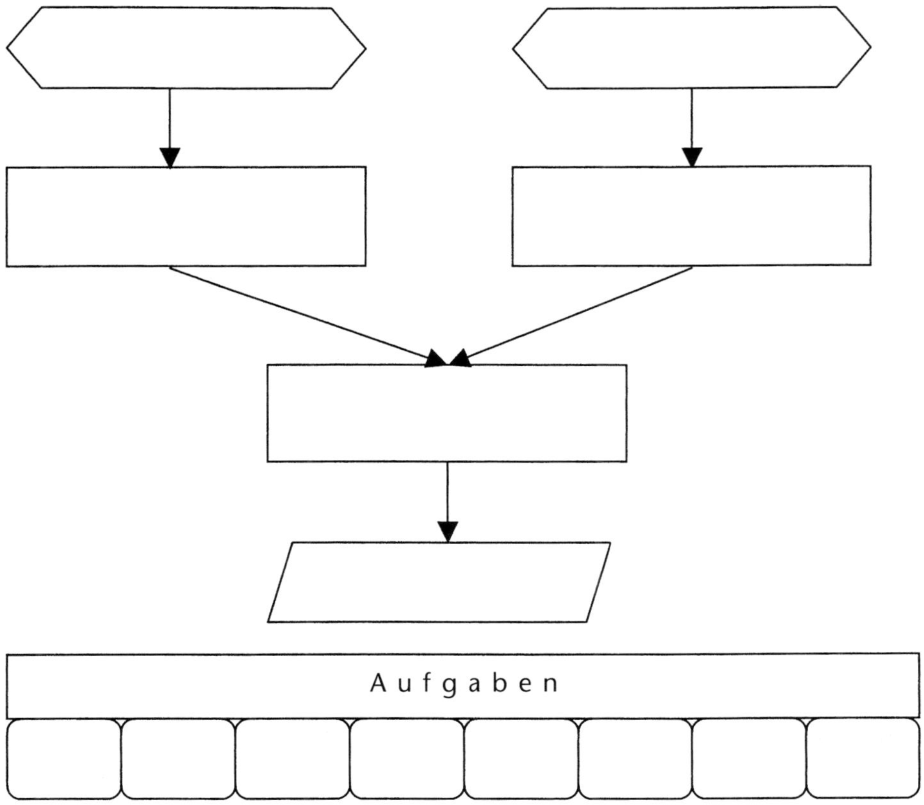


**Lösungshinweise zu Baustein 6.3.1** (S. 32)

In deiner Zusammenfassung sollten die folgenden Begriffe vorkommen:

Wohlstandsverwahrlosung; Ursachen von Freizeitstress;
Kosten der Freizeit; sinnvolle Freizeitgestaltung früher und heute; Jobkiller

**Lösungshinweise zu Baustein 6.3.2** (S. 35)

Gesichtspunkte, unter denen sich die beiden Texte vergleichen lassen:

*Welche Stellung nimmt der Monarch zu der Abordnung ein?*
*Was will der Monarch mit seiner Ansprache erreichen?*
*Wie will der Monarch seine Ziele erreichen?*
*Welchen Tonfall wählt der Monarch?*
*Mit welcher Perspektive endet seine Ansprache?*

# Ein Dank zum Schluss

Über einhundertdreißig Bausteine zum systematischen Aufbau von Methodenkompetenz in beiden Bänden fallen nicht so ohne weiteres aus dem Ärmel. Es ist immer ein langer Prozess von der Idee bis zum fertigen Produkt. Hätte ich nicht die wohlwollende und auch kritische Unterstützung meiner Frau gehabt, mit der ich in zahllosen Gesprächen Gedanken klären, Ideen überprüfen und Konzepte neu ausrichten konnte, wäre mein Vorhaben sicherlich im Anfangsstadium schon stecken geblieben. Ein weiterer Dank gilt meinen Kolleginnen und Kollegen, die mich im Rahmen der schulinternen Fortbildung über ein Jahr mit diesem Thema begleitet haben und von denen ich wertvolle Anregungen aufnehmen konnte. Ihre kritische Distanz und Erfahrung beim Umsetzen der Bausteine im Unterricht bewirkten immer wieder eine Überarbeitung meiner Entwürfe.

Bleibt am Ende zu hoffen, dass Inhalt und Form meiner Kopiervorlagen Kolleginnen und Kollegen zur Umsetzung im Unterricht anregen. Dann können Schülerinnen und Schüler vom Erfolg getragen immer mehr Kompetenzen und Selbstsicherheit gewinnen.

# Weiterführende Literatur zur Methodenkompetenz


Albers/Broux, Zukunftswerkstatt und Szenariotechnik, Weinheim 1999
Arbeitskreis Schule – Wirtschaft, Lernen mit Spaß – Schlüsselqualifikationen in Schule und Betrieb, Darmstadt 1999
Böttcher/Forberg, Technisches Zeichnen, Berlin 1998
Brehler, Reiner, Modernes Redetraining, Niedernhausen/Ts. 1995
Bundeszentrale f. pol. Bildung, Politik-Kiste, München 1998
Endres u.a., So macht Lernen Spaß, Weinheim 1995
Endres/Althoff, Das Anti-Pauk-Buch, Weinheim 1995
Fiegen, L., Besser Lernen mit Methode, München 1984
Frey, Karl, Die Projekt Methode, Weinheim 1995
Fricke, Wolfgang, Frei reden: Leitfaden zum Einmischen und Mitreden, Köln 1983
Geisselhart, Roland R., Das perfekte Gedächtnis, Zürich/Wiesbaden 1989
Gilsdorf/Kistner, Kooperative Abenteuerspiele, Seelze 1996
Gugel, Günther, Methoden Manual I: „Neues Lernen", Weinheim 1997
Gugel, Günther, Methoden Manual II: „Neues Lernen", Weinheim 1998
Hartmann, M., Zielgerichtet moderieren, Weinheim 1997
Horst/Ohly (Hrsg.), Lernmethoden, Arbeitstechniken, Seelze 2000
Hüholdt, Jürgen, Wunderland des Lernens, Bochum 1998
Keller, G., Lehrer helfen lernen, Donauwörth 1999
Klippert, H., Planspiele, Weinheim 1996
Klippert, H., Methodentraining, Weinheim 1994
Klippert, H., Kommunikationstraining, Weinheim 1996
Klippert, H., Teamentwicklung im Klassenzimmer, Weinheim 1999
Knoll, Jörg, Kurs- und Seminarmethoden, Weinheim 1995
Kohler, Britta, Hausaufgaben. Helfen – aber wie?, Weinheim 1989
Kroll, Sibylle, Richtig lernen, Freising 1998
Landesinstitut f. Schule u. Weiterbildung, Soest, Lernen lernen, Soest 1990
Lipp/Will, Das große Workshop-Buch, Weinheim 1996
Menzel, Wolfgang, Üben, was schwierig ist, ..., in: Friedrich Jahresheft IV, Seelze 1986
Motamedi, Susanne, Rede und Vortrag, Weinheim/Basel 1993
Philipp, Elmar, Teamentwicklung in der Schule; Konzepte und Methoden, Weinheim 1998
Rottluff, Joachim, Selbstständig lernen, Weinheim 1992
Schmitt-Hartmann, R., Methodik; Neuer Spaß am Lernen ..., Weinheim 1995
Schräder-Naef, Regula, Rationeller Lernen lernen, Weinheim 1994
Schulz v. Thun, F., Miteinander reden 1, 2, Hamburg 1992
Spangenberg, Eberhard, So einfach ist Theater, München 1979
Stollberg, D., Lernen, weil es Freude macht, München 1990
Studer, Jürg, Rhetorik: Sprechen – Vortragen – Überzeugen, Niedernhausen/Ts. 1994
Taylor/Walford, Simulationspiele im Unterricht, Ravensburg 1972
Tiemann, Planspiele für die Schule, Frankfurt/Main 1969
Thieme, Alfred, Motivation. Trainingsprogramm f. Schülerinnen und Schüler, Weinheim 1996
Vaupel, D., Das Wochenplanbuch für die Sekundarstufe, Weinheim 1996
Will, H., Vortrag und Präsentation, Weinheim 1994
Wille, Hartmut, Seminarfach; Grundkenntnisse f. wissenschaftliches Arbeiten, Donauwörth 2000
Zerpies, R., Besser in ... Mathematik, Frankfurt 1992

**Bildnachweis:**

Schnippelbuch Nr. 1, Verlag Hubert Kretschmer, www.schnippelbuch.de: S. 18 unten, 33, 51, 52, 97, 98, 104 oben, 106 unten (3x), 110, 119
Staatsarchiv Augsburg: S. 44
dpa: S. 58, 72, 123
MEV-Verlag: S. 70, 104 unten
privat: S. 82 Mitte, 88 (2x)
Käthe Kollwitz: „Nie wieder Krieg", S. 84 links oben
Ausstellung „Mokka, Macchiato & Melange" 1998/99, konzipiert von Cornelia Wilde/Botanischer Garten Erlangen: S. 90
Demokrat mit deutscher Fahne: Karikatur von H.E. Köhler zum Revolutionsjahr 1848: S. 94
Aus: Gary Kroehnert: 100 Training Games
Copyright © 1991 Gary Kroehnert, erschienen bei McGrawHill Book Company, Australia Pty Ltd.: S. 103
Gesten eines Redners. Aus: Reiner Brehler, Modernes Redetraining, Falken Verlag, Niedernhausen 1995 © Dietmar Griese: S. 105
Körperhaltungen. Aus: Werner Müller: Spielmann, Clown, Theatermacher. Illustrationen von S. Sapinel, Pfeiffer/Wewel: Donauwörth 1994: S. 106 oben
Foto „Sabine Christiansen" © Lars Reimann: S. 121
Photo Disc Volumes, Education 2 © Copyright 1999 Photo Disc, Inc.: S. 73

# Praxisorientiert, schülernah, vielseitig!

Kopiervorlagen und Materialien für Ihren Unterricht!

Sharon Shapiro

**Kreatives und problemlösendes Denken**

**5./6. Schuljahr**

Mit Kopiervorlagen

48 S., DIN A4, kart. Best.-Nr. **3460**

**Bilder-Paket**

23 großformatige Farbfotos mit Hinweisen für Lehrerinnen und Lehrer auf der Rückseite, 26 cm × 37,3 cm

Best.-Nr. **3461**

Die Fähigkeit zum kreativen und problemlösenden Denken wird in einer Zeit des ständigen Wandels immer wichtiger. In der Schule ist hingegen nur selten Zeit und Gelegenheit zum Erwerb und zur Einübung dieser wichtigen Qualifikationen. Vielfach fehlt es auch an geeigneten Materialien. Damit ist jetzt Schluss: Der Band für das 5./6. Schuljahr sowie das Bilderpaket enthalten eine Vielzahl von Ideen, Übungen und Materialien zur Förderung kreativen und problemlösenden Denkens, die unkompliziert in den alltäglichen Unterricht integriert werden können.

Dietrich Hinkeldey

**Methodenführerschein**

Bausteine für systematisches Methoden-Lernen

**Band 1**: Klassenstufen 5/6 und 7/8

152 S., DIN A4, kart.

Best.-Nr. **3595**

Eine Fundgrube für alle Lehrkräfte in der Sekundarstufe I, die einen systematischen Aufbau von Methodenkompetenz bei ihren Schülerinnen und Schülern anstreben.

Wie bei der Vorbereitung auf einen Führerschein geht es bei den ca. 70 Bausteinen um theoretisches Wissen und dessen praktische Anwendung. Schritt für Schritt lernen die Schülerinnen und Schüler Techniken, Methoden und Konzepte kennen und können diese gleich praktisch in einer Übung anwenden.

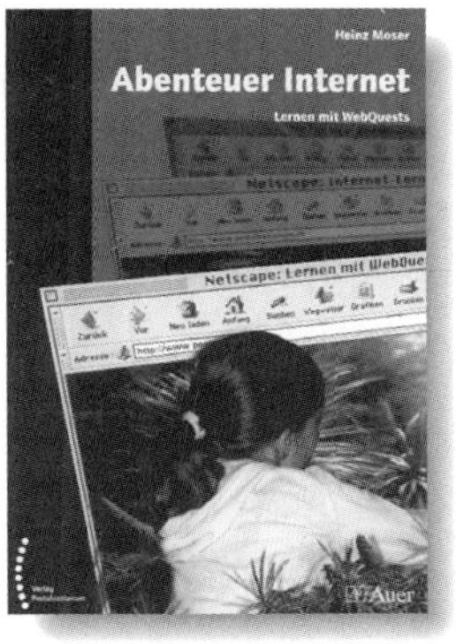


Heinz Moser

**Abenteuer Internet**

Lernen mit WebQuests

96 S., DIN A4, kart., mit CD-ROM

Best.-Nr. **3467**

Für alle Lehrkräfte, die ihren Schülerinnen und Schülern das World Wide Web und den sinnvollen Umgang mit dem Internet vermitteln wollen, bietet dieses Buch die richtige Grundlage! Mit vielen wertvollen Hinweisen zur Informationsentnahme aus dem Netz und nützlichen Links.

Das Ziel ist, dass die Schüler/-innen durch gezielte Fragestellungen und inhaltliche Vorgaben („WebQuests") mit Hilfe des Internets ein bestimmtes Wissensgebiet erarbeiten, auf einer eigenen Homepage zusammenstellen und im Netz publizieren. Es geht hier weniger um das Suchen, sondern um die Nutzung von Informationen, die das Internet bereithält.

---

**Auer BESTELLCOUPON Auer**

**Ja,** bitte senden Sie mir/uns

| | | |
|---|---|---|
| ___ Expl. | Sharon Shapiro **Kreatives und problemlösendes Denken** | Best.-Nr. **3460** |
| ___ Expl. | **Bilder-Paket** | Best.-Nr. **3461** |
| ___ Expl. | Dietrich Hinkeldey **Methodenführerschein Band 1** | Best.-Nr. **3595** |
| ___ Expl. | Heinz Moser **Abenteuer Internet** | Best.-Nr. **3467** |

mit Rechnung zu.

**Rund um die Uhr bequem bestellen!**
**Telefon: 01 80/5 34 36 17**
**Fax: 09 06/7 31 78**
**Internet: www.auer-verlag.de**

Bitte kopieren und einsenden an:

**Auer Versandbuchhandlung**
**Postfach 11 52**
**86601 Donauwörth**

Meine Anschrift lautet:

_Name/Vorname_

_Straße_

_PLZ/Ort_

_Datum/Unterschrift_

_E-Mail_

**Topaktuelle Materialien für Ihren Unterricht!**

# Persönlichkeit stärken, Sozialkompetenz fördern!

Jochen Korte

**Prima Klima! – Gegen Gewalt und Aggression**

Materialien für die Sozialerziehung in der Sekundarstufe

120 S., DIN A4, kart.

Best.-Nr. **3396**

Viele Worte sind gewechselt, viele Bücher geschrieben und zahlreiche Vorschläge diskutiert – und doch hat sich in der Praxis nur wenig geändert: Gewalt und Aggression in der Schule stellen nach wie vor ein großes Problem dar!
Diese Materialiensammlung zur Sozialerziehung bietet eine echte Chance für mehr Friedlichkeit und Freundlichkeit im Schulalltag. Sie enthält vielfältige Frage- und Interviewbögen, Texte, Impulszettel und Kopiervorlagen für das eigenständige Arbeiten und praktische Tun der Jugendlichen.

Karla Drechsler-Schubkegel

**Suchtprävention**

Süchte erkennen, mit Süchten umgehen, Süchte bekämpfen

Ein Projekt für die Jahrgangsstufen 7 und 8

48 S., DIN A4, kart.

Best.-Nr. **3228**

Wo beginnt Sucht bzw. Suchtverhalten?
In diesem Projekt setzen sich die Jugendlichen der Jahrgangsstufen 7/8 mit dem eigenen „Suchtverhalten" (Fernsehen, Video, Essverhalten, Zigarettenkonsum usw.) auseinander. Sie erkennen, dass intensives Suchtverhalten die Persönlichkeitsstruktur negativ verändert, und sie entwickeln über die Reflexion ihrer eigenen Stärken und Fähigkeiten Alternativen zur Sucht und Zukunftsperspektiven. Gleichzeitig werden Grundregeln der Kommunikation und des Verhaltens in der Gruppe vermittelt, die die Jugendlichen zu gegenseitiger Achtung, Toleranz und respektvollem Umgang miteinander erziehen.
Dieser Band dokumentiert ein mehrfach erprobtes Unterrichtsprojekt. Mit Kopiervorlagen und praktikablen Vorschlägen zur Organisation der Projekttage.

Gerlinde Zehschnetzler/Petra Schankin/Britta Hobert/Heinz-Gerd Hees

**Praxis der Streitschlichtung**

124 S., DIN A4, kart. Best.-Nr. **3537**

Konflikte – Streitigkeiten, Beleidigungen, Handgreiflichkeiten – sind in sozialen Gemeinschaften unvermeidbar und daher auch aus unseren Schulen nicht wegzudenken. Wie aber sollen Lehrkräfte und Schüler/-innen mit Konflikten umgehen?
Das Konzept der Streitschlichtung zeigt einen Weg, der in der Schule realisierbar ist. Die Schüler werden in die Konfliktlösung eingebunden. Ihnen wird zunehmend mehr Verantwortung für ihr Handeln im Schulalltag übertragen, bis sie schließlich fähig sind, selbstständig Konflikte zu bewältigen. Die vorliegende praxisorientierte Materialiensammlung wurde von Lehrern für Lehrer geschrieben. Sie versteht sich als Anregung und Hilfestellung für alle, die an ihrer Schule ein Streitschlichtungsprojekt ins Leben rufen wollen. Der Band enthält sowohl erprobte Arbeitsmaterialien wie etwa Infotexte für die Streitschlichter oder Arbeitsblätter für die Schüler, als auch einen formalen Teil, in dem z. B. Aushänge für das schwarze Brett, Checklisten usw. zu finden sind.

## Auer BESTELLCOUPON Auer

**Ja,** bitte senden Sie mir/uns

___ Expl. Jochen Korte **Prima Klima! – Gegen Gewalt und Aggression** Best.-Nr. **3396**

___ Expl. Karla Drechsler-Schubkegel **Suchtprävention** Best.-Nr. **3228**

___ Expl. Gerlinde Zehschnetzler/Petra Schankin/Britta Hobert/Heinz-Gerd Hees **Praxis der Streitschlichtung** Best.-Nr. **3537**

mit Rechnung zu.

☐ Bitte senden Sie mir kostenlos und unverbindlich den aktuellen Gesamtkatalog zu.

**Rund um die Uhr bequem bestellen:**
**Telefon: 01 80/5 34 36 17**
**Fax: 09 06/7 31 78**
**E-Mail: info@auer-verlag.de**

Bitte kopieren und einsenden an:

**Auer Versandbuchhandlung**
**Postfach 11 52**
**86601 Donauwörth**

Meine Anschrift lautet:

*Name/Vorname*

*Straße*

*PLZ/Ort*

*Datum/Unterschrift*

*E-Mail*